Mariano José de Larra

Don Juan de Austria o la vocación

Traducción y adaptación

de Mariano José de Larra

Barcelona **2024**
Linkgua-ediciones.com

Créditos

Título original: Don Juan de Austria o la vocación.

© 2024, Red ediciones S.L.

e-mail: info@linkgua.com

Diseño de cubierta: Michel Mallard.

ISBN tapa dura: 978-84-1126-619-2.
ISBN rústica: 978-84-96428-21-8.
ISBN ebook: 978-84-9897-043-2.

Obra original de Delavigne; traducida y versionada por Mariano José de Larra

Cualquier forma de reproducción, distribución, comunicación pública o transformación de esta obra solo puede ser realizada con la autorización de sus titulares, salvo excepción prevista por la ley. Diríjase a CEDRO (Centro Español de Derechos Reprográficos, www.cedro.org) si necesita fotocopiar, escanear o hacer copias digitales de algún fragmento de esta obra.

Sumario

Créditos _____ 4

Brevísima presentación _____ 9
   La vida _____ 9

Personajes _____ 10

Acto I _____ 11
   Escena I _____ 11
   Escena II _____ 14
   Escena III _____ 16
   Escena IV _____ 17
   Escena V _____ 23
   Escena VI _____ 24
   Escena VII _____ 29
   Escena VIII _____ 31
   Escena IX _____ 37
   Escena X _____ 38
   Escena XI _____ 44
   Escena XII _____ 46

Acto II _____ 49
   Escena I _____ 49
   Escena II _____ 53
   Escena III _____ 53
   Escena IV _____ 59
   Escena V _____ 60
   Escena VI _____ 62
   Escena VII _____ 62
   Escena VIII _____ 66
   Escena IX _____ 69
   Escena X _____ 71
   Escena XI _____ 74

Escena XII _____ 78
Escena XIII _____ 80

Acto III _____ **83**
   Escena I _____ 83
   Escena II _____ 83
   Escena III _____ 88
   Escena IV _____ 89
   Escena V _____ 89
   Escena VI _____ 91
   Escena VII _____ 91
   Escena VIII _____ 94
   Escena IX _____ 94
   Escena X _____ 101
   Escena XI _____ 102
   Escena XII _____ 103
   Escena XIII _____ 104
   Escena XIV _____ 105
   Escena XV _____ 105
   Escena XVI _____ 109
   Escena XVII _____ 110
   Escena XVIII _____ 115
   Escena XIX _____ 116
   Escena XX _____ 116
   Escena XXI _____ 117
   Escena XXII _____ 119
   Escena XXIII _____ 121

Acto IV _____ **123**
   Escena I _____ 123
   Escena II _____ 125
   Escena III _____ 126
   Escena IV _____ 127
   Escena V _____ 127
   Escena VI _____ 128

Escena VII	132
Escena VIII	132
Escena IX	133
Escena X	135
Escena XI	135
Escena XII	138
Escena XIII	145
Escena XIV	147
Escena XV	147
Acto V	**149**
Escena I	149
Escena II	151
Escena III	151
Escena IV	156
Escena V	157
Escena VI	157
Escena VII	159
Libros a la carta	**165**

Brevísima presentación

La vida

Mariano José de Larra (Madrid, 1809-Madrid, 1837), España. Hijo de un médico del ejército francés, en 1813 tuvo que huir con su familia a ese país tras la retirada de las fuerzas bonapartistas expulsadas de la península. Como dato sorprendente cabe decir que a su regreso a España apenas hablaba castellano. Estudió en el colegio de los escolapios de Madrid, después con los jesuitas y más tarde derecho en Valladolid. Siendo muy joven se enamoró de una amante de su padre y este incidente marcó su vida. En 1829 se casó con Josefa Wetoret, la unión resultó también un fracaso.

Las relaciones adúlteras que mantuvo con Dolores Armijo se reflejan en el drama *Macías* (1834) y en la novela histórica *El doncel de don Enrique el Doliente* (1834), inspiradas en la leyenda de un trovador medieval ejecutado por el marido de su amante. Trabajó, además, en los periódicos *El Español, El Redactor General* y *El Mundo* y se interesó por la política.

Aunque fue diputado, no ocupó su escaño debido a la disolución de las Cortes. Larra se suicidó el 13 de febrero de 1837, tras un encuentro con Dolores Armijo.

La personalidad de don Juan de Austria siempre se ha opuesto a la de su hermano Felipe II, saliendo beneficiado el primero. Juan es el vencedor de Lepanto mientras el monarca nos parece un hombre huraño y triste, encerrado en El Escorial. Don Juan era hijo natural del emperador Carlos V y Bárbara Blomberg. Su destino, en un primer momento, era la carrera eclesiástica pero pronto demostró su afición por las armas, intentando enrolarse en una armada destinada a tomar Malta. Nombrado en 1568 general de los mares, la victoria sobre la revuelta morisca de Granada fue su primer gran éxito bélico antes de comandar la flota de la Liga Santa que venció a los turcos en Lepanto.

Tras esta victoria pretendió el tratamiento de alteza y la concesión del título de infante. Su hermano Felipe contuvo esos deseos nombrándolo gobernador general de los Países Bajos en 1576. Allí consiguió el regreso de Flandes a la órbita española gracias a la publicación del Edicto Perpetuo. Juan murió en el campamento de Namur el 1 de octubre de 1578.

Personajes

Carlos V
Cortesanos, Ugieres, Alguaciles, Frailes, Guardias
Domingo
Don Juan
Don Pedro Gómez
Don Rodrigo Quesada, del Consejo de S. M. Carlos V
Doña Florinda Sandoval
Dorotea, dueña
El prior del convento de Jerónimos de Yuste
Felipe II
Fray Lorenzo
Fray Timoteo
Ginés
Pablo, novicio de quince años
Rafael criados de don Rodrigo
Un ugier del palacio

Acto I

Una librería en casa de don Rodrigo: en los alrededores de Toledo.

Escena I

Don Rodrigo, Ginés con bujías en la mano, Domingo

Rodrigo — Alumbra, Ginés. Véalos yo después de tres días de ausencia, mis caros libros, mis amigos y mis consejeros... (Separando las luces que Ginés acerca.) ¡Eh! no tan cerca; ¿quieres hacer un auto de fe con mi biblioteca? ¡Por Santo Domingo! esos libros son mejores cristianos que tú y que yo. ¿No debo a su intervención la conversión a Dios del mozo más mundano de entrambas Castillas? (¡Pobre don Juan! ¡Sepultar dentro de un hábito tan raras y tan altas prendas! Pero así lo quiso el emperador, mi señor, y nuestro nuevo rey don Felipe ha jurado no reconocerle sino con esta condición.) ¿Eh? Paréceme que oigo ruido en su aposento. (Acercándose a una puerta lateral.). Don Juan, hijo mío, ¿no dormís?

Una voz de adentro — Padre y señor, estoy en oración.

Rodrigo — ¡Santa palabra! (A don Juan.) Proseguid, hijo mío; mi regreso después de tan corta ausencia no ha de turbaros en vuestros piadosos deberes hacia el Padre común de todos los hombres. (A Ginés.) Ven hacia esta parte, y hablemos bajo. Ginés, ¿qué ha hecho mi hijo durante mi viaje? ¿Ha asistido todos los días al templo a la hora acostumbrada?

Ginés — A la hora acostumbrada.

Rodrigo	¿Su estancia en él era larga?
Ginés	Larga.
Rodrigo	¿Al ir o al volver no has visto nada sospechoso?
Ginés	Nada sospechoso.
Rodrigo	¿No has recibido para él ninguna carta?
Ginés	Ninguna carta.
Domingo	Fuera de esta. (Deslizándola por debajo de la puerta de don Juan.) Ya está en el buzón.
Rodrigo	Estoy satisfecho. Sírveme siempre con el mismo celo.
Ginés	Con el mismo celo.
Rodrigo	¡Es un eco este asturiano! Una mula he tenido de su tierra, que gastaba más palabras. Pero fiel. A ti, Domingo. ¿Qué hizo mi hijo el día de mi partida?
Domingo	Levantose un tanto triste. Acompáñele en sus devotas oraciones, y, si no lo habéis a enojo, hícele pie para el almuerzo.
Rodrigo	Veo que si tomas parte en sus devociones, no olvidas sus desayunos.
Domingo	Suéleme decir que reza con más fervor cuando estoy a su lado, y que almuerza con mejor apetito.

Rodrigo   (Este es más suelto que el otro. Ha andado tres años al servicio de un canónigo.) (A Domingo.) ¿Y después?

Domingo   Le leí para edificarle un sermón del padre Fresneda... pero pesia mi...

Rodrigo   ¿Se durmió?

Domingo   No, sino antes del Ave María...

Rodrigo   ¡Oh! ¿qué? ¿no le recordabas los grandiosos hechos del reinado anterior?

Domingo   Temí que el nombre de Francisco I despertase en él sus antiguas imaginaciones marciales.

Rodrigo   ¿Francisco I sigue pues siendo su héroe? (Extraña fantasía en un hijo de Carlos V.) (A Domingo.) ¿Y después?

Domingo   Acostose como de costumbre al caer del día, y reposó con un sueño tan tranquilo como su conciencia; díjome a la mañana que los ensueños que había tenido hubieran honrado a un padre del yermo.

Rodrigo   ¡El gozo ha de matarme! Hace seis meses, Domingo, cuando don Juan parecía cuidar más del mundo que de su salvación, ¿quién hubiera creído que hablamos de ver jamás tan milagrosa conversión? Modelo es de buena crianza. Da las llaves.

Domingo   Aquí están todas. (Salvo la buena.)

Rodrigo   Ahora no pudiera salir sin mi licencia.

13

Domingo   (Pero entrará con la nuestra.).

Rodrigo   Podéis recogeros. Tomad para vosotros. (Les da dinero.) Y Dios os guarde.

Ginés   Dios nos ayude.

Rodrigo   No, no; no pecará por palabra de más.

Escena II

Don Rodrigo   Estoy fatigado. (Sentándose.) Bueno será ver si no he perdido en el viaje alguno de mis papeles. (Abre una cartera y saca algunas cartas que recorre.) ¡Ah! La orden del rey don Felipe, que se niega a verme en Madrid, y me manda volverme al punto a Villa García de Campos, donde, a Dios gracias, ya estoy de vuelta. «Últimos consejos de Ignacio de Loyola a su amigo y señor don Rodrigo Quesada, del consejo que fue de Su Majestad el señor emperador don Carlos V.» La carta que aquel santo varón me escribió algunos días antes de su muerte. ¿Quién hubiera adivinado jamás, cuando mandaba aquella compañía de migueletes en el sitio de Pamplona, que había de verse un día al frente de otra compañía, Dios me perdone, bien diversa, y que ha de venir a ser andando el tiempo un ejército, según levanta gente para ella? Letras por cierto bien preciosas. Mal haya yo, si me canso jamás de pasarla y repasarla. (Leyendo.) «Os ocurre una dificultad, un escrúpulo de conciencia, mi muy caro hermano, tocante al hijo natural del emperador Carlos V, el mancebo don Juan, nacido en Ratisbona el 24 de febrero de 1545, quien fue cometido a vuestro celo desde la edad más tierna, y que pasa en la opinión de las gentes por hijo vuestro. En el caso, me decís, de que mi discípulo no fuese reconocido por el rey don Felipe, su hermano, a pesar de la palabra que delante de mí empeñó al emperador, religioso actualmente en el monasterio de Yuste, ¿debo o no publicar la verdad? Distingamos, hermano mío; distingo.» ¡Eh ieh! Cuando cursaba en el colegio de Monteagudo a los treinta y cinco años ya era el escolar más sutil para estos casos de conciencia... siempre cortaba el nudo con su distingo.

«Si don Juan estuviese aislado en el mundo, yo os diría: Hablad, don Rodrigo. Pero se trata de un suceso que atañe a dos testas coronadas; no es posible, hermano, dar a luz las faltas de los grandes de la tierra sin grave escándalo de los pequeños. Considerad, además, cuán eminente riesgo corrierais vos mismo. Yo os propondría, por tanto, un término medio, que conciliase vuestros deberes con vuestro interés, cual sería acreditar el nacimiento de vuestro discípulo por medio de un instrumento que él pudiese hacer valer algún día a su riesgo y peligro; esta medida os reportaría la doble ventaja de daros tranquilidad en esta vida, y de no intimidaros en la otra...»

Ya está hecho, ya está hecho; aquí está el instrumento. «Segunda dificultad tocante a la madre del mancebo don Juan. Veo que no sabéis a quién achacar esta debilidad, y que andáis dudoso entre una real princesa de Hungría, una nobilísima marquesa de Nápoles, y una humilde cuanto hermosa panadera de Ratisbona. Bien que fuese lo más natural, mi muy caro hermano, designar la plebeya por caridad hacia las dos nobilísimas señoras, apruebo con todo vuestra dificultad. Pero en tal caso os quedará el medio, tan conciliador como el otro, de dejar en blanco el nombre de la madre.» Es un portento para estas sutilezas. He seguido su consejo, vista la dificultad de acertar en medio de tantas fragilidades imperiales. En resumen, del lado de la madre hay confusión, tropel: por lo regular sucede todo lo contrario. (Guardando las cartas.) Creo que reina la mayor tranquilidad en la cámara de mi discípulo. Se habrá recogido. Hagamos otro tanto.

Escena III

Domingo, Ginés, después Don Juan, Rafael

Domingo   (En voz baja.) Entrad, entrad, señor don Juan: ha pasado a su cámara.

Juan   ¡Lléveme el diablo! si ha vuelto, llego tarde.

Ginés   ¿Tarde?

Domingo   Jura como un hereje.

Juan   Como un devoto; a fe que vosotros, con toda vuestra devoción, no desconocéis ninguno de los siete pecados mortales.

Domingo   Pero nos arrepentimos; si los buenos cristianos no pecasen, habría una multitud menos en la tierra.

Juan   ¡Silencio, víbora! (Corriendo hacia la puerta de su cuarto.) Rafael, Rafael, soy yo.

Rafael	(Abriendo la puerta.) En buen hora, señor don Juan; a no ser por un ardid de guerra, la plaza estaba tomada. Hemos parlamentado a través de la puerta. Pero ¡voto a Dios! la superchería no le va bien a un soldado viejo.
Juan	Toma ejemplo de Domingo es oficio que no le cuesta, y que le vale. (Sacando la bolsa.) Toma, Ginés, por tu discreción, y tú, Domingo, por tus embolismos: insignes bribones, cobráis por dos lados vuestros leales servicios.
Domingo	Dios nos dio dos manos, y usamos de ellas en obsequio vuestro.
Ginés	En obsequio nuestro.
Juan	Esta es la primera vez que ha alterado el texto. Ea, id con Dios. (Sacudiendo la bolsa vacía.) He aquí dónde paran los dineros que mi buen padre me da para el rescate de cautivos.

Escena IV

Don Juan, Rafael

Rafael	Don Rodrigo puede alabarse de estar bien servido por cierto, y vuestra salvación está en buenas manos. Vuestra señoría, sin embargo, me había prometido volver pronto.
Juan	¡Hallara yo medio de separarme de ella! lo que me pasma aún no es el haberla dejado tan tarde, sino el haber tenido fuerzas para separarme de ella; y si no me

	entiendes, buen Rafael, tanto peor para ti. Será señal de que no has amado jamás.
Rafael	¡Pluguiera a Dios!
Juan	Sí, a tu modo.
Rafael	Si hay dos modos, vive Dios que era el mejor; pero no se me acuerda que el amor me hiciese faltar nunca de mi puesto; ni aun después de la gloriosa jornada de Pavía, cuando hacíamos zafarrancho de las milanesas; y puedo jurar con toda vuestra señoría que el día de nuestra partida las morenas de aquella tierra no podían decir como nuestro prisionero: Todo se ha perdido menos el honor.
Juan	¡Oh, Francisco I! Gran rey, que admiro más todavía por sus defectos que por sus raras prendas. Ese sabía amar.
Rafael	Y se batía como un león, ¡capo di dio!
Juan	¡Parece que no se te olvidó todavía el italiano!
Rafael	¡Pardiez! sé jurar en todas las lenguas: y es gran recurso en el extranjero.
Juan	¡Vive Dios que no lo haces mal en castellano! acuérdate sino del día en que el viento jugando con el manto de doña Florinda dejó por primera vez su rostro descubierto en el paseo, y nos mostró la más peregrina belleza de que pueda envanecerse la Andalucía.

Rafael	¡Cuerpo de Cristo! ¿No os dije yo que era andaluza? Dónde hay ojos...
Juan	¡Y los suyos, Rafael! ¡Oh! me enloquecen de amor y de placer.
Rafael	A vuestra edad, señor, decía yo otro tanto. Pero ¿adónde os llevará ese galanteo?
Juan	¿Galanteo, Rafael? ¿Galanteo osas llamar al amor más ardiente y más puro que ardió nunca en pecho castellano? ¿Cuál mayor prueba le pides a esa pasión que este mismo papel que me hace su violencia representar? ¿Creíste por ventura que la hipocresía repugne menos a la fiera condición de un hidalgo bien nacido, que a la llaneza de un soldado de los viejos tercios de Flandes y de Italia? Y con todo, para burlar la vigilancia de mi padre cedí a los malos consejos de Domingo.
Rafael	No hay como un santurrón para tentaros a pecar.
Juan	Yo compré los escrúpulos de su conciencia y la imbécil afición de Ginés. Yo revestí el exterior de una vocación que no tengo, pesia a mi alma; debajo de esa máscara, que me lastima, supe encubrir...
Rafael	Los paseos nocturnos, las serenatas... los eternos plantones al lado del poste de la iglesia.
Juan	¡Ah! donde le ofrecía el agua bendita... pero confiesa que jamás dedos más hermosos de mujer han desnudado el guante para tocar los de...
Rafael	Los de caballero más galán.

19

Juan	Más enamorado, Rafael, más enamorado. ¿Cómo pudiera tanta constancia no conquistarme su afecto? ¿Cómo pudiera haberme negado la puerta de su casa, a su vuelta de Madrid, adonde estuvo en poco que mi locura y mi desesperación no la siguiesen? Si más la vi, más conocí que no me era posible vivir sin verla. No hay otra doña Florinda; no es la pasión quien me ciega: hay en ella, ora hable, ora calle, un no sé qué, que me tiraniza y me encadena a sus plantas para siempre. Es forzoso, Rafael, es forzoso que sea mía.
Rafael	En buen hora, ¿quién lo estorba? acabad una vez, como yo empezaba siempre.
Juan	(Con altanería.) Será mi mujer; nos ofendes a entrambos.
Rafael	(Tiene a veces un modo de mirar que me impone.)
Juan	Sí; y pues tengo su consentimiento, mañana mismo habré de ser dichoso.
Rafael	¡Mañana! Reparad con todo en los obstáculos...
Juan	Me agradan los obstáculos. Una boda secreta, además, no presenta ninguno. A mal dar, si mi padre lo llega a saber, y me deshereda, tengo aún mi espada, de que me enseñaste a servirme. Ella bastará para conservar el lustre de un apellido que nadie puede robarme, y para volverme los bienes que la fortuna varia me arrebata. Ya hizo su deber la noche que encontré junto a la puerta de doña Florinda aquellos desdichados que se me antojaron alguaciles del santo oficio.

Rafael	¡Mal año! ¿nos las habremos con el inquisidor general? ¡Mejor quisiera habérmelas con el diablo!
Juan	Porque no crees en él.
Rafael	Sí creo; pero el diablo, señor, no quema más que los muertos, y el gran inquisidor quema a los vivos.
Juan	Dices bien; pero ¿qué te hizo ese papel, que tan mal le tratas?
Rafael	No me acordaba: el pobre pagaba vuestras locuras. Domingo lo echó por debajo de la puerta. Esa al menos no pasará la visita de don Raimundo Tariz, el director de Correos y el hombre más curioso del reino.
Juan	Con otros se desquitará.
Rafael	(Mientras que don Juan lee.) Es una manera de confesor nombrado por el rey para toda la monarquía. Bien se puede decir de nuestro soberano que con ese director de Correos sus humildes vasallos no tienen secretos para Su Majestad.
Juan	Convídame don Fernando Rivera a una batida, y en soto de Su Majestad. En mala sazón por cierto.
Rafael	Y en soto de Su Majestad. Reparad, señor, que la última hubo de costarnos cara. ¡Pardiez! Mejor quisiera haber muerto diez herejes en sus reinos que una liebre en sus sotos.

Juan	¡Necio estás! Si no fuera por el riesgo, ¿quién iría por la pieza a correr el monte? ¡El peligro, el peligro! He ahí el placer: en duelo, en batalla, en batida, venga como bien le parezca, para mí será siempre bienvenido. Si hubiese nacido rey, Rafael, estaría estrecho en mis estados; no acertarla a respirar anchamente sino en los de mis vecinos.
Rafael	Así era yo en matrimonio. ¡Vive Dios! ¡Y que el hijo de un señor tan pacífico abrigue sentimientos tan atrevidos!
Juan	¿Eso te asombra?
Rafael	No sé qué fantasías se me pasan por la cabeza cuando veo un hijo que no se parece a su padre. Pero dame siempre tentación de risa.
Juan	Escuchemos. ¿No oíste ruido?... Alguien llega.
Rafael	¿A estas horas? Sí por cierto...
Juan	¡Será don Fernando Rivera! ¡Gran indiscreción! (Corriendo hacia la ventana.) No; dos caballeros que no conozco.
Rafael	(Que le ha seguido.) Gran sombrero; capas pardas... figuras son misteriosas; alguna grave visita de don Rodrigo.
Juan	Cuidemos de que no nos sorprendan aquí. Vamos de esta pieza, ayúdame a vestir el disfraz de la vocación y a desnudar este traje. Tomemos un aire santo y bienaventurado.

Rafael   ¡Trabajo os mando!

Juan   (Deteniéndose.) ¡Padre mío! Le engaño y le amo sin embargo. ¡Ah! Rafael, si en vez de ser padre, fuese tío...

Rafael   Podría alabarse de tener por sobrino el pecador más incorregible de todas las Españas. Pardiez, si este entra jamás en un convento...

Juan   Será en un convento de monjas.

Rafael   Ahí os seguiré, sor Juana.

Juan   Sí, fray Rafael, para absolverme de mis pecados; no ha de faltarme tarea. (Entrándose.) ¡Adentro, Rafael, adentro!

Rafael   (Siguiéndole.) ¡Lindo fraile habíamos hecho!

Escena V

Felipe II, Don Pedro Gómez, Domingo

Felipe   Decid a vuestro amo que el conde de Santa Fiore quiere hablarle.

Domingo   Don Rodrigo llega ahora de un largo viaje; está recogido, y temo que vuestra señoría tenga mucho que aguardar.

Felipe   Aguardaré.

Domingo	Salvo sea el respeto que debo a vueseñoría...
Felipe	¿No veis ya que aguardo?
Domingo	¡Pardiez! No parece con todo que le coge acostumbrado.

Escena VI

Felipe II, Don Pedro Gómez

Felipe	(Arroja su capa sobre un sitial, y se sienta.) ¡Cuán largas son las últimas leguas en un viaje!
Gómez	Como todo lo que se desea ver concluir. Ya estamos, señor, en casa del antiguo criado de vuestro augusto padre. Asómbrame que aquel monarca hubiese podido escoger semejante consejero.
Felipe	Vuestro asombro fuera justo si los reyes, cuando escogen un consejero, se obligasen a seguir ciegamente sus consejos.
Gómez	Discreción, probidad... convengo en ello.
Felipe	¿Y eso es nada, don Pedro?
Gómez	Pero sin carácter.
Felipe	Los que tienen demasiado gustan de servirse de los que no tienen ninguno.
Gómez	Un hombre a quien hace titubear el menor riesgo, a quien desconcierta el primer obstáculo, harto conven-

	cido de su destreza para no ser fácilmente engañado... tan alta reputación, en fin, y tan poco merecida... eso es, señor, ganar en juego sin poner.
Felipe	Parécese a otros muchos a quienes engrandece la mano que los mueve; y si esta los suelta, de grandes que parecían, caen en el abismo de su medianía.
Gómez	Vuestra Majestad hace el retrato de sus ministros... osaré preguntar a Vuestra Majestad si la profunda meditación en que le veo sumergido... acaso el joven don Juan...
Felipe	(Levantándose.) ¡Oh! el fastidio me pesa. No puedo permanecer en un sitio. ¿Por qué la habré visto? ¡Ah! ¿Por qué la habré visto? Tú fuiste quien me dijo en el soto de Manzanares: «Miradla, señor, ¡qué gentil belleza!»
Gómez	Señor, ¿su recuerdo persigue todavía a Vuestra Majestad?
Felipe	No, no; no pienso ya en ella; no quiero pensar en ella... como decíais, don Juan llenaba mi pensamiento.
Gómez	La fuerza de la sangre habló tal vez, y el corazón de Vuestra Majestad se conmueve en el punto en que va a decidir su suerte.
Felipe	¿Y qué especie de sentimiento me pudiera conmover? ¿Hele por ventura conocido bastante para quererle? ¿Diome acaso ocasión de aborrecerle? ¿Qué bien me hizo? ¿Y cuáles pudieron ser sus delitos contra mí?

Gómez	Uno cometió, señor, uno solo.
Felipe	¿Y Cuál?
Gómez	El de haber nacido.
Felipe	No gusto de que adivinen mis pensamientos; pero por la salvación de mi alma os juro que decís bien. Ese es su delito; la misma sangre corre en nuestras venas. Holgábame de ser solo.. pero empeñé mi palabra, prometí sobre los santos Evangelios...
Gómez	Roma en tierra puede dispensar de todo juramento..
Felipe	¡Roma! Me humillo ante el poder de Roma, pero Roma no hace nada de balde.
Gómez	¡Verdad profunda!
Felipe	Veré a don Juan; leeré en su alma; si es quien debe ser, le reconozco, y el celibato voluntario sepultará bajo las dignidades eclesiásticas su nacimiento, sus pretensiones y su posteridad. Pero si sorprendo en él la menor inclinación a las pompas y placeres del siglo, si el espíritu de rebelión le anima, le olvido; y a poco que hubiese penetrado el misterio de su cuna... ¡Dios me inspirará!
Gómez	Entiendo.
Felipe	¡Así pudiera sacudir otros recuerdos tan fácilmente como el suyo! Habré hecho por ella lo que por ninguna otra mujer. Dos veces la seguí encubierto bajo de un disfraz: me confundí entre la muchedumbre, para no

	perder su huella, y todo por tus consejos, y todo en balde.
Gómez	¿Pudiera yo creer, señor, que aquella joven doncella, o aquella viuda, pues que aún ignoro su estado, se escapase a mis pesquisas?
Felipe	Los lutos os engañaron: ¡oh! no, no, no es viuda: es una belleza en el candor de la primera edad. ¡Viuda! Me matarían los celos del tiempo pasado... pero ¿porqué me habláis siempre de ella, don Pedro?
Gómez	Vuestra Majestad, señor, fue quien primero...
Felipe	¿No hay pendiente ningún negocio, ninguna noticia que pueda ocupar mi pensamiento?
Gómez	Una sola, señor, tocante a la fe.
Felipe	¡A la fe! Hablad, hablad.
Gómez	Me escriben que en uno de los Valles del Piamonte varios vasallos de Vuestra Majestad han sido sospechados de herejía. He aquí la contestación.
Felipe	¡Oh! es larga, demasiado larga. Nada de proceso; en materia de religión, don Pedro, no cabe discusión, sino sentencia: no es menester un juez; sobra con un verdugo. Larguísima, os lo repito.
Gómez	Dicte Vuestra Majestad.
Felipe	Cuatro palabras. Todos a la horca.

Gómez	Vuestra Majestad ahorra mucho trabajo a su secretario.
Felipe	Un sacerdote para asistirlos en el artículo de la muerte, si se muestran arrepentidos; si quieren discutir, solo el verdugo.
Gómez	Con razón se dice que Vuestra Majestad es el más firme apoyo de la fe católica.
Felipe	El cielo me sería tal vez deudor de una recompensa. Pero, ¿quién sabe, Gómez, si no serás tú el instrumento de su misericordia? ¿No me has dicho que mi tormento tendría fin aquí? ¿No traes informes seguros? ¿No crees que habita en Toledo? ¿Es cierto, o es falso?
Gómez	Así lo creo, señor, y esta noche algunas de mis gentes han debido hacer pesquisas para descubrir su morada.
Felipe	Lógralo, Gómez, y mi gratitud no reconocerá límites; porque quiero descubrirte las flaquezas todas de mi corazón: esa mujer me persigue, es mi ángel malo, es un sueño que me devora; estoy poseído de ella. Su imagen se interpone entre mí y el Dios mismo que me escucha... hoy mismo, hoy también he omitido mis oraciones. ¡Oh! no; este estado no puede ser duradero, porque es intolerable; haría peligrar mi vida en este mundo y mi eternidad en el otro: de ti depende, Gómez, mi vida y mi ventura. Haz que yo la vuelva a ver, y tesoros, grandezas, todo es tuyo. Te cubrirás delante de mí, te verás tuteado por el duque de Alba...

Gómez	Que con tanto placer me repite un vos a cada palabra; o esa mujer no existe ya en la tierra, o habré yo de encontrarla.
Felipe	Id con Dios; oigo a don Rodrigo; triunfad, don Pedro, y recordad las promesas de vuestro señor. (¡Vanidad humana! Va a revolver la tierra, y todo por oírse tutear de un hombre a quien detesta.)

Escena VII

Felipe II, Don Rodrigo

Rodrigo	El señor conde disculpará mi tardanza... ¡Qué veo! ¿Es Vuestra Majestad? (Poniendo una rodilla en tierra) ¿Vuestra Majestad se ha dignado...?
Felipe	Alzad. Deponed el respeto debido a la Majestad: el rey le renuncia, y el conde de Santa Fiore no tiene derecho a él. Habéis pasado a Madrid, y habéis hecho mal.
Rodrigo	Pero, señor...
Felipe	(Con impaciencia.) Mal, os digo, muy mal. No he olvidado nada. Venir a recordarme una promesa, es suponer... que he podido...
Rodrigo	Lejos de mí, señor, tal pensamiento. Ruego a Vuestra... a Vuestra Excelencia, que vea una disculpa de mi yerro en el afecto que profeso a mi discípulo.
Felipe	Estáis perdonado. Espero que habréis guardado el secreto.

Rodrigo	Con escrupulosa lealtad.
Felipe	Que habréis ejecutado puntualmente mis órdenes.
Rodrigo	Al pie de la letra; y el cielo ha querido que el éxito sobrepujase a mis esperanzas. Puedo sin vanidad presentaros, señor, en don Juan un modelo de crianza cristiana.
Felipe	Mucho decís.
Rodrigo	Un mancebo piadoso, así desprendido de las vanidades del siglo, como poco apegado a sus placeres. Consume las noches y los días en la meditación, la pensión que le dais en limosnas, y su tiempo en oraciones; en él se funden en fin la timidez de una virgen y el fervor de un cenobita.
Felipe	Es decir, que es el mejor cristiano de reino.
Rodrigo	(Inclinándose.) Después de Su Majestad.
Felipe	Y del obispo de Cuenca, espero.
Rodrigo	(Inclinándose de nuevo.) Después de Su Majestad y del confesor de Su Majestad. Es tanto, señor, que temo que los honores y dignidades de la Iglesia que le están reservados ofendan su humildad: tal es su vocación por la oscuridad del claustro.
Felipe	No hay mal en eso. Si lo que decís es cierto, como creo, voy a reconocer y a estrechar en mis brazos a un hermano; pero quiero antes juzgar de su verdadero estado por mí mismo.

Rodrigo	Bien podéis, señor, desde este punto. A cualquiera hora que se le sorprenda se le hallará ocupado en sus deberes religiosos.
Felipe	Vale más que yo entonces. Me recordáis, don Rodrigo, que hoy no he cumplido con los míos. Grave penitencia es acusarme delante de vos de esta omisión; hágolo, por tanto, humildemente; pero encaminadme a una pieza retirada donde pueda recogerme en el Señor y reparar mi falta.
Rodrigo	Permitid, señor, que os preceda...
Felipe	No; quedaos; preparad el ánimo de vuestro discípulo para recibir al conde de Santa Fiore, única persona que desde hoy tendrá derecho sobre él. Ni una palabra más. Tocante a su vocación por el claustro, desde hoy quiero que quede satisfecha: podéis anunciárselo.
Rodrigo	Puesto que rehusáis, señor, mis humildes servicios... (Llamando.) ¡Domingo! (A este, que entra.) Conducid a Su Excelencia al extremo de la galería en el oratorio de don Juan. (Al rey.) Allí os veréis rodeado de los objetos de su diaria veneración.

(Le acompaña, inclinándose repetidas veces.)

Felipe	Está bien, señor don Rodrigo, está bien. Basta. (Con intención.) ¡Sobra!

Escena VIII

Don Rodrigo, después Don Juan

Rodrigo	¡Llegó el día grande! Libre ya del peso de un secreto de que siempre recelé, mis sueños volverán a ser tranquilos. Mi discípulo subirá a ocupar el alto puesto que le es debido, y yo volveré a la reposada posesión de mi retiro. He de llorar de gozo. (Abriendo la puerta de don Juan.) Don Juan, mi querido don Juan, salid... ¡venid presto!
Juan	Padre mío, ¡cuán dichoso me hace vuestra presencia!
Rodrigo	Más dichoso es quien puede estrecharos en sus brazos y anunciaros una nueva que ha de colmar vuestro gozo.
Juan	¿Qué nueva?
Rodrigo	El más ardiente de vuestros votos va muy pronto a realizarse: dentro de algunas horas entraréis en el monasterio.
Juan	¡En el monasterio! ¡dentro de algunas horas! ¿y esa resolución es irrevocable?
Rodrigo	Tanto, hijo mío, que ni consideraciones de ternura, ni poder humano fueran bastantes a removerla.
Juan	En tal caso, es forzoso deciros toda la verdad. Cansado estoy ya además del papel que me impuse y de la máscara importuna: tiempo es ya de desnudar apariencias mentidas que me envilecen a mis propios ojos.
Rodrigo	¿Qué habláis de máscara y de apariencias?... ¿Qué queréis decir, don Juan?

Juan   Que os engañaba, padre mío.

Rodrigo   ¿Vos?

Juan   Hace seis meses que os engañaba: ese fervor que hizo vuestro asombro, esa piedad acendrada, todo era, señor, mentira. Amo la libertad con la misma vehemencia con que aborrezco la estrecha esclavitud del claustro: sí, la amo con frenesí, sin límites. La vida me es menos grata que la libertad; el aire que respiro es menos necesario a mi existencia. Considerad, pues, ahora que si he podido humillarme hasta mentir por gozar de ella en secreto, todos los suplicios del mundo no me harán vacilar para defenderla a viva fuerza.

Rodrigo   ¿Qué escucho?... ¡Vos, don Juan! ¡Dios mío!

Juan   ¡Perdón, padre mío, mil veces perdón! ¡Ah! Creed, señor, que esa odiosa industria repugnaba más todavía a mi ternura filial que a mi orgullo de hombre. Pero ¿por qué pedirme virtudes superiores a mis fuerzas? Nada, señor, más respetable que un ministro del Altísimo, digno de tan sublime misión. Así son tan raros, padre mío; pero yo siento en mí la imposibilidad de imitarlos, y la necesidad de deciros en medio de mi desesperación: «Soy incapaz, señor, de tanta virtud; ¡no puedo, padre mío, no puedo!»

Rodrigo   ¡Oh! moderaos por Dios, don Juan, yo os suplico: no incurráis en la exageración: la Iglesia, madre prudente, no exige de sus hijos iguales sacrificios. Los hay predestinados por ella a los honores, y aun a la gloria. ¿Habré de citaros el ejemplo de nuestro inmortal cardenal Jiménez? Y tocante a los placeres inocentes del mundo, puedo afirmaros que conocí en Roma muchos de sus colegas que no se privaban de ellos, que vivían de todo en todo como vos y como yo, y sin que fuese mal visto.

Juan

Como vos, padre mío, es posible; pero ¡como yo! ¡ah! ¿Pretendéis, señor, que introduzca yo en el claustro desórdenes apenas tolerables en vuestra casa? ¿Queréis que encubra bajo el hábito monacal lo que era solo flaqueza en mí, y lo que sería crimen en él?

Rodrigo

¡Cielos! Don Juan, ¿qué intenciones me suponéis?

Juan

O habría de luchar de continuo con pasiones que jamás sofocaré, y doblar la cerviz a una obediencia ciega, a cuya sola idea todo mi ser se rebela. El último grado de la infamia o de la desdicha; he ahí lo que me proponéis. ¡Oh! no, no; vuestro corazón de padre se conmoverá; jamás lo permitiréis.

Rodrigo

El asombro me embarga la voz.

Juan

¿Y por qué lo permitiríais? ¿Qué razón, que no penetro, os lleva a sacrificar vuestro hijo único, el único heredero de vuestra casa? O me juzgáis por ventura indigno de sucederos. ¡Ah! desengañaos, señor, un porvenir brillante me espera acaso: siento en mí un deseo insaciable de gloria y de felicidad que no me engañará. Seré el orgullo de vuestros ancianos días. Padre mío, os sentiréis rejuvenecer algún día entre mí y una mujer digna de mi amor y de vuestro cariño.

Rodrigo	¡Una mujer!
Juan	En el seno de una familia nueva, de mis hijos; sí, de mis hijos, que no os amarán menos que yo.
Rodrigo	¡Su mujer! ¡Sus hijos! ¡Dios de bondad! ¿Habéis perdido la cabeza, don Juan?
Juan	¡Ah! me arrojo a vuestras plantas... dadme a besar esas manos que tantas caricias me prodigaron, que tantas veces me bendijeron.
Rodrigo	Me espanta y me enternece a un mismo tiempo.
Juan	No las retiréis de mí, dejad que mis lágrimas las rieguen. ¡Ah! Padre mío, ¿lloráis?... No pronunciaréis la sentencia de mi muerte, no mataréis a vuestro hijo...
Rodrigo	(Llorando.) ¡Mi hijo, mi querido hijo!... ¡Ah! Don Juan, no soy vuestro padre.
Juan	(Que se levanta.) ¿He oído bien? ¿no sois mi padre?
Rodrigo	Don Juan, habéis salido de una casa más ilustre que la mía, y el que os dio el ser...
Juan	¿Quién es? ¿Dónde está? Hablad, presto, responded.
Rodrigo	¡Ah! Don Juan, no pertenece ya a este mundo. (Puedo afirmarlo sin mentir.)
Juan	¡Le perdí!

Rodrigo	Pero transmitió sus derechos y su autoridad entera al conde de Santa Fiore, que acaba de llegar, y a quien veréis dentro de poco. Nadie puede, sino él, descubriros el secreto de vuestro nacimiento; es un señor poderoso, respetable, y cuyas órdenes deben ser para vos sagradas.
Juan	¡Vos no sois mi padre! (En el colmo de la alegría.) ¿Con que soy libre?
Rodrigo	No por cierto. (¡Y el rey que puede sorprendernos de un momento a otro!)
Juan	(En el mismo tono.) Soy dueño de mis acciones.
Rodrigo	Aún menos. (¡Yo que creí calmarle!.)
Juan	De hoy más puedo hacer, podré decir cuanto me ocurra.
Rodrigo	Guardaos bien. Respetad al conde de Santa Fiore; en ello va vuestro porvenir, vuestra fortuna...
Juan	Mi libertad antes que todo.
Rodrigo	Vuestra vida...
Juan	¡Antes que todo mi libertad! ¡Jamás fui más dichoso! (Abrazando a don Rodrigo.) ¡Si supierais cuánto os amo desde que no es deber el respetaros!
Rodrigo	Perdió el seso. Por Dios, moderaos, hijo mío: no le opongáis una resistencia prematura... ganemos tiempo al menos, por piedad, fingid... (Viendo al rey.) (¡Cielos,

él es! ¡Buen modelo de virtudes cristianas le presento!!!)

Escena IX

Don Rodrigo, Don Juan, Felipe Ii

Felipe   ¿Este es vuestro discípulo, señor don Rodrigo?

Rodrigo   Este es, señor conde, el joven... el mancebo don Juan que... (No sé lo que me digo.) (Al rey.) Vuecelencia me encuentra conmovido... la idea de una separación nos ha enternecido a tal punto a uno y a otro...

Felipe   Lo comprendo. (Examinando a don Juan.) (¡Mucho se parece a mi padre! más que yo: esta semejanza me ofende.)

Juan   (Mirando al rey.) (¡Severo gesto el del conde! ¡no me agrada!)

Felipe   (A don Rodrigo.) Si gustáis dejarnos juntos...

Rodrigo   Vuecelencia no se sorprenderá si en el punto de partirse manifiesta en su conversación un pesar...

Felipe   Es natural.

Rodrigo   Si gustáis que yo me quede, podré explicaros...

Felipe   Quiero que se explique él mismo; de su boca quiero conocerle.

Juan   (En dos palabras lo conseguirá.)

Rodrigo   Me retiro: (Bajo a don Juan.) Don Juan, por piedad no le opongáis resistencia.

Felipe   (Con firmeza.) Dejadnos; don Rodrigo, yo os lo ruego.

Rodrigo   Obedezco. (Ya están uno en frente de otro. ¡Dios nos ampare!)

Escena X

Don Juan, Felipe II

Felipe   (Por más hábil que sea, he de descubrir el último doblez de su corazón.) (A don Juan, sentándose.) Acercaos.

(Don Juan va a tomar un sitial y viene a sentarse a su lado.)

Felipe   (Después de haberle mirado un instante.) (Sea: no me conoce.) (Alto.) Mucho bien me dijeron de vos, señor don Juan.

Juan   Quisiera yo mejor, señor conde, que os hubieran dicho un tanto de mal; me sería más fácil entonces dejar airoso el concepto que de mí tenéis formado.

Felipe   Eso es humildad. Y una de las virtudes por cierto que deseaba yo más ardientemente hallar en vos.

Juan   Sois cortés, tengo más de franco que de humilde.

Felipe   Prenda es esa de que mucho gusto también, y quiero ponerla a prueba. Habéis meditado mucho, don Juan...

Juan	¡Yo!.
Felipe	Mucho, lo sé. Decidme, ¿cuál ha sido el resultado de vuestras meditaciones? ¿a qué carrera os inclina más particularmente vuestra afición? Confesadme los planes que en vuestros ratos de soledad habéis formado para vuestro porvenir, y hasta los más íntimos sentimientos de vuestra alma generosa. Explicaos sin disfraz.
Juan	Nada os quedará que desear. Partamos de un punto, si os place; en la vida no hay más que tres cosas: la guerra, las mujeres y la caza.
Felipe	¿Cómo? Repetid; he oído mal sin duda.
Juan	O las mujeres, la caza y la guerra; en el orden que os parezca, con tal que no falte nada.
Felipe	¿Me respondéis seriamente?
Juan	Tal cual me preguntáis: no puedo decir más.
Felipe	Al menos confesaréis que esa es singular disposición para entrar en el convento.
Juan	Así es, que no se me pasa tal idea por la imaginación, y primero pegaría fuego a todos los conventos de España que hacer mis votos en ninguno de ellos.
Felipe	(Levantándose rápidamente.) ¡Misericordia! ¡Qué vocación!

Juan	(Con calma, y dando con el dorso de la mano en el sillón del rey.) Sentaos, sentaos pues. Es la mía; vocación a la rebelión contra todo lo que pueda coartar mi independencia o mis placeres; vocación de cuerpo y de alma para todo cuanto puede hacer dulce o gloriosa la vida.
Felipe	En tal caso, don Rodrigo se ha burlado de mí.
Juan	No tal; ¡burlarse el buen señor! Yo soy quien le he burlado a él, y de ello me acuso con esa misma humildad que os agrada, y esa franqueza que os es particularmente grata.
Felipe	(Con severidad.) ¡Señor don Juan! (Sentándose.) (Pero sigamos hasta el fin.)
Juan	Paréceme haberos procurado cuantos datos necesitabais acerca de mis principios: añadiré a esto que a la presente estáis más adelantado que yo en mis asuntos propios, puesto que sabéis quién soy, y yo lo ignoro. Dignaos, pues, instruirme a fin de que pueda yo conocerme por lo menos tan bien como me conocéis vos mismo.
Felipe	Vuestro padre, al revestirme de su autoridad sobre vos, impuso a la revelación de ese secreto condiciones...
Juan	Que adivino, y que os dispenso de referir; pero mi padre no sería un déspota.
Felipe	¿Qué sabéis?
Juan	¡Extraño modo de hacérmele querer!

Felipe   Acaso tenía derecho para serlo.

Juan   El rey mismo no lo tiene. Si mi padre viviese todavía, él, de cuya autoridad se trata de abusar, él mismo se avergonzaría de convertirla en tiranía.

Felipe   Se os ha dicho que ya no vivía.

Juan   Por mi desgracia; pero muerto él, no soy deudor a nadie del sacrificio de mis inclinaciones y de mi dignidad.

Felipe   Quiero recordaros con todo que pende de vos el ser alguna cosa en el mundo, o el quedar sumido en la nada.

Juan   Y yo os repondré que no permanece hombre de nada quien nació hombre de corazón. La más ilustre cuna no vale el precio a que me quieren vender la mía. ¿De qué se trata? ¿De una herencia que se me niega? me pasaré sin ella. ¿De un nombre que quieren venderme caro? Con mi sangre granjearé otro más barato. Hablad pues ahora, si os place. ¿No queréis? Sois libre, pero acabemos. (Levantándose.) Y a Dios, conde de Santa Fiore. El hombre de la nada no ha menester de vos para llegar a ser alguna cosa.

Felipe   (Con calma.) Sentaos ahora vos, sentaos, y departamos sin enojos. ¿Es pues invencible vuestra inclinación a las armas?

Juan   Invencible; soy castellano; harto os digo. Tildadme de ambicioso; no lo niego; lo soy. Haced mofa de mi orgullo; os doy licencia: porque a pesar de la nada en que estoy sumido, paréceme que nací más para mandar que para obedecer. Sabré con todo ser soldado; pero sois poderoso, y si mi padre con su autoridad os hubiese trasmitido juntamente un resto de su ternura, no llevaría el mosquete largo tiempo.

Felipe   Verdad es que yo pudiera adelantaros en las armas.

Juan   (Apretándole la mano.) Hacedlo, pues; ¿qué aguardáis? y contad para siempre con mi agradecimiento.

Felipe   (Que retira suavemente su mano sonriéndose.) No empeño mi palabra, pero tampoco digo que no.

Juan   Eso ya es algo. Vuestra severidad pone más de diez años entre nosotros dos; pero si yo estoy en la edad de los devaneos, vos estáis todavía en la edad en que se perdonan; siempre presumí, señor conde, que dos jóvenes acabarían por entenderse.

Felipe   Pero ¿habéisme abierto vuestra alma de par en par? Decidme, ¿el amor de la libertad es el único amor que os aleja del claustro? Os lo pregunto a fuer de amigo.

Juan   Antes de responder a esa pregunta, muy amistosa por cierto, de buena gana os haría yo dos, no menos amistosas en verdad.

Felipe   ¿Y cuáles?

Juan   ¿Habéis amado vos, conde de Santa Fiore?

Felipe   Cierto que sí.

Juan	¿Y amáis todavía?
Felipe	Enhorabuena; os lo quiero confesar; amo todavía; y acaso más que quisiera.
Juan	¡Amáis! he ahí el lazo que nos acaba de estrechar. Yo también, señor conde, amo a la más hermosa, la más digna, la más perfecta mujer que hay en la tierra.
Felipe	Mejorando la mía, don Juan, si no lo habéis a enojo.
Juan	Enhorabuena; quiero desde ahora dar por sentado que ninguna de las dos es menos perfecta que la otra; pero estoy cierto que si no participáis de mis sentimientos hacia la mía, no podréis al menos cerrar las puertas a la admiración.
Felipe	Aun para eso sería forzoso conocerla.
Juan	Mucho pedís. Con todo, escuchad: tan ciega confianza tengo en el imperio que ejerce sobre cuantos pueden verla y oírla, que consiento en que volvamos a las pasadas condiciones. Hagamos un pacto. Si aprobáis mi elección, daréis vuestro consentimiento a un proyecto de que mi dicha depende, y me diréis el secreto que anhelo saber. Empeñad vuestra palabra.
Felipe	¡La empeño...! Sí, apruebo vuestra elección, ¿y cuándo la he de ver?
Juan	Hoy mismo, y en su posada. No hay embarazo. Soy mayor. Si logro vuestro asentimiento será para mí ocasión de dicha y de orgullo; sí no lo logro, de antemano

	os prevengo que tomaré el partido de pasarme sin él, mal mi agrado, por supuesto; pero no os turbéis, conde, que no habéis de poder resistir.
Felipe	Así os lo deseo.
Juan	Vivo de ello seguro, y quiero anunciarle vuestra visita. Después de los oficios, adonde vamos los dos, ella por Dios, y yo por ella, venid, si os place, y si otra cita no se opone, venid a buscarme a su posada: una casa nueva que veréis a la entrada de Toledo, el quinto balcón después de la iglesia de San Sebastián...
Felipe	Os prometo no hacer falta. (Mi padre al menos no podrá decir que no obré en todo concienzudamente.)
Juan	A más ver, pues, en casa de doña Florinda. Hoy comienza, conde, nuestra amistad, y yo os hablo con el corazón en la mano; os quiero ya como a un hermano.
Felipe	Deprisa vais en efecto.
Juan	Es condición mía, que he de amar o aborrecer del primer movimiento.
Felipe	Yo no hago lo uno ni lo otro sino con buena razón.
Juan	Sois cortesano y yo no. (A don Rodrigo, que entreabre la puerta tímidamente.) Entrad; ¿no sois siempre mi padre? Entrad no cometeréis indiscreción.

Escena XI

Don Juan, Felipe II, Don Rodrigo

Rodrigo	(Cortado.) Me atreveré a preguntar a vuecelencia si está satisfecho.
Felipe	Os doy mil parabienes, señor don Rodrigo.
Juan	Algo habría que decir; pero el conde es indulgente, y ha tomado como prudente el partido que debía tomar.
Rodrigo	¿Será posible?
Felipe	Por lo menos me decidiré en todo el día; pero negocios de importancia me llaman a otra parte: dadme licencia que os deje.
Juan	Conocemos la importancia de vuestros graves negocios; sabemos, señor conde, que no admiten detención.
Felipe	(A don Rodrigo.) Espero volver a veros en un punto a que me ha citado vuestro discípulo.
Rodrigo	No haré falta.
Juan	En casa de una persona que os ha de asombrar. El señor conde no hizo sino prevenirme...
Felipe	Os renuevo mis parabienes, don Rodrigo; vuestro discípulo os honra.
Rodrigo	Vuecelencia me lisonjea.
Felipe	A más ver, señor don Juan.

Juan	(Le oprime la mano, y acompañándole.) A más ver, querido conde.
Rodrigo	(Le trata como a compañero.)

Escena XII

Don Juan, Don Rodrigo

Juan	(Echándose en brazos de don Rodrigo.) Permitid que os estreche en mis brazos: todo salió a medida del deseo. Pero adiós quedad.
Rodrigo	Esperad; ¿os dijo quién sois?
Juan	(Volviendo.) Aún no; prestadme vos ese servicio.
Rodrigo	¿Qué es lo que me pedís, hijo mío? He empeñado mi palabra: no es posible.
Juan	Decidme al menos el nombre de mi madre…
Rodrigo	¡Ah! En cuanto a vuestra madre, soy muy servidor vuestro, pero…
Juan	Como gustéis. El conde no hace tantos misterios y hoy mismo me lo ha de revelar todo en casa de ella.
Rodrigo	¿De quién?
Juan	De vuestra nuera.
Rodrigo	¿Cómo?

Juan	Que estáis de boda.
Rodrigo	¿De boda? ¿Yo, don Juan?
Juan	¡Pardiez! mi buen amigo, no es por cierto la vuestra, pero la mía.
Rodrigo	¡Os casáis!
Juan	Y esperó que él será uno de los testigos, y vos el otro.
Rodrigo	¿Qué me proponéis, don Juan? Mucho me honráis.
Juan	Ni más ni menos que a él.
Rodrigo	Yo he de perder el seso; ¿y el conde os presta su consentimiento?
Juan	Poco menos: es muy gentil hombre, y presto hemos de ser amigos íntimos. Adiós, señor; vuelo a esperaros en casa de doña Florinda. Rafael os dará las señas de su posada.
Rodrigo	¿Cómo Rafael? ¡engañarme después de veinte años en mi casa!
Juan	Por afecto hacia mí.
Rodrigo	¿Y Domingo también...?
Juan	Por interés.
Rodrigo	Y Ginés, tal vez...

Juan	De necio: perdonadlos; si me conserváis afecto, reparad que fueron ocasión de mi contento.
Rodrigo	¡Oh humillación! ¡Mis tres criados! ¡Se dirá que un antiguo consejero, después de una vida entera consumida en habérselas con los más diestros, acabó por ser juguete y escarnio de tres imbéciles!
Juan	Respetable don Rodrigo, calmaos: no hay escollo como un necio para el hombre de ingenio, si la confianza le ciega sobre todo. Quedad con Dios; corro a tomar mi espada, y vuelo a las plantas de doña Florinda.

Acto II

Casa de doña Florinda: cámara alhajada a la moruna

Escena I

Doña Florinda (acaba de vestir el traje de boda), Dorotea

Dorotea	Nunca más bella. (Haciéndose para verla.) Ni más apuesta.
Florinda	Di, nunca más dichosa, Dorotea.
Dorotea	¿Qué va a decir don Juan, él que os veía ya tan hermosa con los lutos?
Florinda	Con todo, estaba bien triste entonces; mi pobre padre acababa de dejarme sola en el mundo.
Dorotea	Conmigo.
Florinda	Sí, contigo, mi segunda madre, que no has cesado de velar sobre mi felicidad, que has sabido mantenerme en la fe de mis mayores, en esa fe a que he jurado eterna fidelidad entre los brazos de mi padre expirante.
Dorotea	Y bien os avino. El Dios de Jacob os galardona enviándoos un esposo de prendas tan aventajadas, mozo, galán, bien parecido, hidalgo, además, entre los hidalgos, y no en fin de esos que en estos tiempos afectan un exceso de religión más cruel que la propia impiedad.

Florinda	¡Ah! ¿Por qué ha de querer mi desdicha que ese sea en él un mérito a mis ojos?
Dorotea	Si no tuviera más que ese, señora, yo os compadeciera; pero generoso, cuanto noble y valiente como los Macabeos; desde nuestro viaje a Madrid me convencí de la falta que os hace un protector.
Florinda	Ese viaje tú le dispusiste.
Dorotea	Cierto: no se habla de hacer nada para recobrar las sesenta mil doblas prestadas al emperador Carlos V por vuestro padre y...
Florinda	¿Qué esperanza podíamos abrigar, después, sobre todo, de su abdicación?
Dorotea	En buen hora que abdicase su corona... ¡pero sus deudas! ¿No podríais escribirle a su retiro? profesaba buen afecto a vuestro padre, y, aunque fraile, ¿quién sabe si no sería agradecido?
Florinda	(Sonriéndose.) ¿Piensas que un fraile ha de ocuparse de intereses de este mundo?
Dorotea	(Arreglando las flores del peinado de su ama.) ¡Lindas flores! ¡Qué bien van a vuestro rostro! ¡cuán frescas y cuán lozanas!
Florinda	¡Pero falsas, Dorotea!
Dorotea	Tanto mejor; eso más tardarán en marchitarse.

Florinda	Falsas como mi nombre, como mi dictado, como las ofrendas que tributo a Dios en los templos de los cristianos.
Dorotea	Bien podéis hacer sin escrúpulo lo que el noble Ben-Jochai, vuestro padre, hacía antes que vos: digo noble, porque le era de corazón; pero castellano en la iglesia bajo el nombre de Sandoval, judío en su casa con el suyo propio, supo vivir en paz con la Inquisición sin poner contra sí el Dios de Israel. Hizo bien en abjurar; todo era una restricción mental más o menos.
Florinda	¿Pero engañar al objeto de nuestro amor?
Dorotea	¡Volvéis a esa fantasía!
Florinda	¡Oh! ¡siempre, siempre! al lado suyo, y lejos de él, esta idea me persigue como un remordimiento: ¡qué de veces quise confesárselo todo! detuviéronme unas veces tus razones: selló mis labios otras el temor de verme desdeñada.
Dorotea	¿Qué importa que os quiera bien bajo el nombre de doña Florinda o bajo el de Sara?
Florinda	¡Sara!... ese nombre fatal...
Dorotea	¿Os sonrojaría?...
Florinda	No a mí; pero no quiero que tenga que sonrojarle a él.
Dorotea	Razón de más para ocultarlo.
Florinda	¡Oh! no; hoy mismo lo sabrá.

Dorotea	Guardaos bien de tal cosa; no habéis cruzado como yo el Zocodover de Toledo: no habéis visto los aprestos del auto de fe que ha de verificarse dentro de tres días. ¿Sabéis que sois perdida, que sois muerta, mi querida Sara, sí, y cruelmente, por poco que os sospechen de judaísmo?
Florinda	¿Y quién habla de denunciarme? ¡Bien pudiera don Juan dejarme, pero venderme!! No lo pensaste, Dorotea...
Dorotea	¡No, por vida mía!
Florinda	Todo lo sabrá.
Dorotea	¿Aún? ¿Qué hacéis?
Florinda	Escribir a don Juan.
Dorotea	¿Para qué, si le habéis de ver?
Florinda	¿Y tendré ánimo para hablarle?
Dorotea	Daos prisa, pues... (Yendo hacia la ventana.) ¡Oh! daos prisa, que él propio viene hacia esta parte. ¡Él es!
Florinda	(Levantándose.) ¿Don Juan?
Dorotea	El mismo; ¡viérasle correr! Ya llega, háceme seña de bajar: gran muestra de gozo da su rostro.
Florinda	Dorotea, ¿debo acabar esta carta?

Dorotea	¡Ah! no, no... corro a abrirle, y os le traigo.

Escena II

Doña Florinda	¡Guardar con todo un secreto que ha de amargar su dicha eternamente! ¡por un punto de flaqueza, un suplicio de todos los días, de toda la vida! ¡Oh! no, imposible. Pero si en el exceso de su amor... ¡ah! esta idea me quita la respiración. (Mirando al espejo.) ¡Paréceme sin embargo que no se ha perdido todo todavía!... ¡Si pudiese hoy parecerle mejor que nunca! ¡ah! cobremos ánimo... ¡aún espero!!!

Escena III

Doña Florinda, Don Juan, Dorotea

Juan	¿Llego, por ventura, tarde?
Florinda	¿Y cuándo no, don Juan?
Juan	Si he de dar crédito a mi impaciencia, ¿decislo por mí o por vos?
Florinda	Por entrambos.
Juan	¡Oh cuánto es dulce el oírlo! ¡Cielos! no habléis más: dejadme, señora, que os contemple.
Dorotea	¿Y bien, señor don Juan? Esa es obra de mis manos.
Juan	Y de su belleza más. Más hechicera que nunca. ¡Os quedáis, Dorotea!

Dorotea	¿Empezáis? Me sentaré a esta parte: pondré mis ojos en la labor, y el pensamiento a mil leguas de aquí. ¿Os estorbo aún?
Florinda	¿No es mi segunda madre?
Juan	Pues lo queréis: ¡oh! y hoy confieso que lo ha merecido, si bien para embelleceros poco ha tenido que poner de su parte.
Florinda	Al menos le habéis dejado el espacio.
Juan	¿Todavía? Sois injusta y cruel. Cosas han pasado hoy en casa de don Rodrigo, que a saberlas vos disculparíais mi tardanza. Ni espacio tuve de acudir a San Sebastián a deshacer la orden que había dado.
Florinda	¿Qué decís?
Dorotea	¡Don Juan!
Juan	Sí, mi bien; ¡no más misterio! nuestra boda no será ya secreta, sino en el altar mayor, con pompa y con ceremonia.
Florinda	¿Consintió por fin don Rodrigo? ¿Podré mostrarme al público ufana con vuestro nombre?
Juan	¡Mi nombre, hermosa Florinda! ¡ah! nada deseo como podéroslo ofrecer; pero, al haceros ese don, ignoro, por vida mía, si es rico o pobre el presente que os hago.
Florinda	¿Cómo pues?

Juan	No soy hijo de don Rodrigo, y quien sea mi padre lo ignoro.
Florinda	¿Habláis de veras?
Juan	De mí pende creerme un gran señor, según dicen, hasta llegar a ser un eminentísimo; pero lo que hay de cierto es que en el punto en que os hablo no soy nadie. Ved, señora, si confié ciegamente en vuestro amor. Vine tan tranquilo como si me fuera dado poner un reino a vuestras plantas, y en todo no puedo ofreceros sino la mano de un joven sin fortuna, sin familia tal vez, y cuyo único derecho a vuestra preferencia es un amor que hará la dicha o la desdicha de su vida.
Florinda	(Levantándose.) Eso me basta: en vos no quise bien, don Juan, sino a vos mismo: yo sola os serviré de familia; y tocante a bienes de fortuna, ¿no tengo yo de más para los dos? ¿El resto qué os importa?
Juan	¡Ah! no me engañé, Florinda, generosa Florinda. ¡Qué diera porque pudiera oíros en este instante el conde de Santa Fiore!
Florinda	¿Quién decís?
Juan	Un severo personaje, a quien debo, según dicen, un respeto filial: representa para mí a mi padre difunto, y de buen grado reconozco en él su autoridad.
Florinda	¿Vos?
Juan	Con tal que use de ella como mejor me convenga.

55

Dorotea	Eso es otra cosa.
Juan	Lo espero aquí.
Florinda	¿Aquí?
Juan	Él ha de ser uno de mis testigos, y acaso el más importante. Su poder es mucho con el rey, y a vos deberé el secreto de mi cuna, que él solo puede revelarme, y su apoyo, que me tiene prometido.
Florinda	¿A mí?
Juan	No os costará nada, bien mío. Basta con agradarle.
Florinda	¡Cielos! ¿Qué decís?
Dorotea	Un amigo del rey será devoto.
Juan	Sí, devoción de corte; sutil y acomodaticia. Hacedle buen recibimiento, granjead su afecto, y nada habré de temer por mí; solo temblará por su dama, que es también enamorado.
Dorotea	No sois, pardiez, celoso, don Juan. ¡Ah! mi buen Daniel de otra suerte me hubiera hablado de un extraño el día de nuestras bodas.
Juan	¿Tenía por nombre Daniel? Nombre de profeta.
Dorotea	No hagáis escarnio de los profetas: más verdades anunciaron que las que han dicho muchos cristianos en toda su vida.

Juan	No diríais otro tanto, Dorotea si fueseis judía.
Florinda	Y si lo fuese, no la volveríais acaso a mirar.
Juan	Mucho parecéis interesaros por los judíos.
Florinda	¿Y vos les deseáis mucho mal?
Juan	No tal; pero un amigo mío daría con toda la raza de Jacob en el fondo del mar Rojo. Y en verdad, ¿qué mal habría?
Florinda	Don Juan... Yo, que juzgo sin prevención, presumo que se esconden en ese pueblo perseguido tantas virtudes por lo menos como en sus perseguidores, y si tiene defectos...
Juan	Al menos está en el día bien corregido del que arruinó al hijo pródigo.
Dorotea	Seguid, don Juan. Pero yo os puedo decir que conozco alguna doncella de su tribu que no se contenta como muchas hidalgas con hacer decir misas por las ánimas, sino que va ella misma a consolar y socorrer a los desvalidos...
Florinda	¡Dorotea!
Dorotea	Que reparte con ellos la mejor parte de su hacienda.
Juan	Tal vez no hace en eso más que una restitución.
Florinda	¡Ah! sois cruel, don Juan.

57

Juan	Bien podemos decirlo entre cristianos. Por mi parte confieso que el pueblo escogido del Señor no hubiera sido el que yo en su lugar hubiese elegido... (A doña Florinda, que se ha sentado, y que escribe.) ¿Qué hacéis, doña Florinda?
Florinda	Concluyo una carta.
Juan	Mucho os urge.
Florinda	Y más me interesa.
Juan	¿Qué tenéis? ¿Os ha enojado lo que he dicho de los judíos?...
Florinda	¡Ah! don Juan, se los desprecia sin conocerlos, se los condena sin oírlos; son desdichados, en fin, y cuando milita la fuerza de una parte, y de otra la desdicha, os pronunciáis, señor, contra los débiles. Jamás, don Juan, lo hubiera creído.
Dorotea	Sobre todo cuando el auto de fe que se prepara ha de hacer correr tanta sangre y tantas lágrimas.
Juan	¡Por vida mía! Doña Florinda, no me condenéis por una chanza. Juzgadme, mi bien, más generoso; sea un hombre hereje, judío o musulmán, puede granjearse mis burlas mientras es feliz; pero si sufre, puedo no pensar como él, mas sufro también con él, y para juzgarle dejo de ser cristiano, y de Castilla: soy hombre, soy su hermano para consolarle y darle amparo.

Florinda (Levantándose y cogiéndole la mano.) ¡Ah! don Juan, ¡qué bien me hacéis!

Juan ¡Ah! comprendo. ¿Tendréis algún amigo entre esos desdichados que van a ejecutarse? Deberíais atenciones... ¿Qué puedo yo para salvarle? disponed de mi brazo, de mi vida... ¿mi sangre toda no os pertenece?

Florinda Dorotea...

(Haciéndole seña de salir.)

Dorotea Llegó el momento... Señor don Juan, antes de resolveros miradla bien.

Juan Vive Dios que estoy confuso.

Escena IV

Doña Florinda, Don Juan

Juan Hablad, hermosa Florinda, hablad.

Florinda Esta carta es para vos.

Juan ¿Para mí?

Florinda Encierra un secreto que no hallé fuerzas de deciros.

Juan ¿Tembláis, señora?

Florinda Mal mi grado os dejo, don Juan. Mi presencia os pudiera atar las manos. Leedla, y ved que el temor de causarme pena no haga violencia a vuestros sen-

	timientos. Sabré soportar lo que temo. Libre sois, don Juan; ¿me entendéis? libre.
Juan	¿Qué extrañas razones? ya decidí...

(Queriendo abrir la carta.)

Florinda	No, don Juan, no, cuando estéis solo; si vuestra respuesta es favorable, venid a dármela presto. Si fuese contraria, os diera pena el decirla. Huid entonces de esta casa sin volverme a ver. Si no os encuentro aquí sabré mi suerte. Adiós, don Juan, acaso para siempre.
Juan	Hasta dentro de un instante, más bien.
Florinda	No me sigáis, señor, no me sigáis.

Escena V

Don Juan, después Florinda

Juan	¡Ah! vamos presto, leamos... ¿Es posible? «Sara, hija del judío Ben-Jochai...» ¡Julia! Y yo un hidalgo de Castilla, un cristiano viejo... ¡Oh! ¡es demasiado, doña Florinda! ¡Estoy loco! No me engañé. Es demasiado cierto. ¿Yo he de unir mi noble sangre? Noble dije. ¡Infeliz! ¿Y quién me ha dicho que mi sangre es noble? Y doy que lo sea, ¿seré menos generoso que ella? No ha mucho cuando estaba yo a sus plantas, sin nombre, sin alcurnia, sin bienes de fortuna, ¿titubeó doña Florinda? ¡Dejarla, Dios mío! ¿olvidarla, don Juan? Jamás; ¡venciste, amor, venciste! Un caballero de Castilla ha de ser menos que una... ¡Oh, perdona, bien mío! ¿Y qué? ¿Cuál será la diferencia entre nosotros? ¿El Dios de

	Israel no es el de los cristianos? ¿He de adorarla menos porque ella eleve su corazón a ese Dios con ritos diversos de los míos? ¿Y quién sabrá este arcano sino nosotros? ¿Ha de ser por eso menos bella, tendrá menos virtud? ¡Oh, acabemos! Hollemos de una vez necios respetos humanos. Mayor será mi dicha, si mayor el sacrificio. Ya me siento digno de ella. ¡Doña Florinda, mi bien! Volemos a sus plantas.
Florinda	(Que ha ido entrando poco a poco y que ha oído sus últimas palabras apoyada en el respaldo de un sitial.) Os escuché, don Juan,
Juan	¿Estabais, señora, ahí? ¿Lloráis...?
Florinda	De gratitud, don Juan. ¡Oh! meditadlo bien. ¿No os pesará jamás del sacrificio que me hacéis? Si se llegase a saber...
Juan	Saldríamos de Castilla. En Italia, en Francia halláramos un asilo... en Palestina; allí al menos estaremos en nuestra casa. ¡Torne a animaros la alegría!
Florinda	¿Y la gloria que tanto amasteis?
Juan	En todas partes la encontraré.
Florinda	¿Y la patria, don Juan, que en ninguna parte volveríais a encontrar?
Juan	Mi patria sois vos, doña Florinda. (Echándose a sus pies.) Ora seáis Florinda, ora Sara, ved en mí, señora, vuestro esclavo. Cifro mi dicha en ser vuestro, y todo

	mi orgullo en repetir: Tuyo, Florinda, tuyo, Sara, para siempre.
Florinda	(Se deja caer en un sitial, tendiéndole la mano.) ¿Habrá, pues, contentos tan difíciles de soportar como el dolor?
Juan	(Tomándole la mano.) ¡Ah! no os ofendáis, señora; dejadme sellar una y mil veces mis labios en esa mano que ha de ser mía.

Escena VI

Don Juan, Doña Florinda, Dorotea

Dorotea	Alzad, señor don Juan, alzad. El conde vuestro amigo llega en este instante: ya sabe...
Florinda	(A Dorotea.) Todo lo sabe, Dorotea. ¡Soy dichosa!
Dorotea	¡Generoso don Juan!
Juan	¡Cuán hermosa es, Dorotea!
Dorotea	¡Silencio! Señor, ya oigo el conde.
Florinda	De hoy más, don Juan, nadie será poderoso a separarnos.

Escena VII

Dichos, Felipe II

Felipe	Perdonad, don Juan, si a fuer de exacto soy indiscreto.

Juan	Caballero tan perfecto no puede serlo jamás: vos naciste, señor conde, para aumentar quilates al contento, dondequiera que se halle, y para atraerle donde no está. Venid a gozar del mío. Dadme licencia, hermosa doña Florinda, de que os presente al conde de Santa Fiore...
Felipe	(¡Vive Dios! es ella, ¡la misma!)
Florinda	(A Dorotea.) ¿Le conociste?
Dorotea (A Florinda.)	Me pareció conocerle. El mancebo que os siguió...
Juan	¿Qué tenéis, señor conde? ¿Habríaisla visto ya por ventura...?
Felipe	Paréceme haberla visto en Madrid... en el Prado; y tan rara hermosura por cierto no podía sino inspirarme el deseo de volverla a ver... además, don Juan, de cierta semejanza...
Juan	¿Con la persona de quien me hablasteis?
Felipe	Sin duda.
Juan	A ella le doy el parabién (Bajo) y a vos.
Florinda	Bien venido a mi casa, señor conde de Santa Fiore. En la suya está aquí caballero de tan altas prendas, y sobre todo quien tanto estima a don Juan.

Felipe	Tened por cierto, señora, que me es en gran manera grato deber a vuestro amor por don Juan el recibimiento cortesano que me hacéis. (Muero de celos.)
Juan	Querednos bien, señor conde; sed mi hermano y mi apoyo abriéndome una carrera en que pueda dejar airosa vuestra protección. El rey tiene falta de buenos capitanes, tanto más cuanto que él no lo es.
Felipe	(¡Insolente!)
Florinda	(¡Delante de un amigo del rey! ¡qué indiscreción!)
Felipe	(A don Juan.) Paréceme con todo que hizo sus pruebas en San Quintín..
Florinda	Y en una jornada victoriosa.
Juan	Como mero espectador; y si se ha de dar crédito a cierta anécdota...
Florinda	Falsa sin duda, inútil de repetir.
Felipe	¿Cuál?
Juan	Cuentan si al silbar de las balas le decía a su confesor, tan pálido como él: Por Dios, que no entiendo qué gusto puede haber en asistir a esta música.
Florinda	No es verosímil tal dicho en boca de un rey de Castilla.
Felipe	¿Y hubiéralo repetido el confesor?

Juan	No se lo dijo bajo secreto de confesión; pero infiero del aspecto grave de vuestra excelencia que no seríais hombre vos para preguntar a Su Majestad si fue cierta la aventura.
Felipe	No; y presumo que no perdonaría al que le fuese con tan necia pregunta. (Insensato, ¡quiere perderse!)
Florinda	(A don Juan.) Confesaréis con todo que es activo, incansable, y político profundo...
Juan	Todo se lo perdonara menos esa intolerancia religiosa que llena el reino de patíbulos.
Felipe	¿Consecuente siempre sin duda con vuestra vocación? Pues yo pienso, como él y como todos los curas del reino, que no hay pena bastante para la apostasía y el judaísmo; y espero que doña Florinda es harto buena castellana para...
Florinda	Mi disculpa estaría en que una doncella de mis años no ha de entrometerse, señor, en tan graves cuestiones; pero si osase decir mi sentir, diría que cuando los desdichados sufren, ora sean inocentes, ora culpables, el deber de los ministros del altar es bendecirlos y consolarlos, y el de las mujeres plañirlos.
Felipe	(Un aviso del Santo Oficio pudiera serle útil a ella y a mis fines.)
Juan	Os predije, señor conde, que habríais de rendir las armas ante tanta belleza y tan claro ingenio. Y para que podáis más libremente satisfaceros, os dejo en su casa. Me perdonaréis, hermosa doña Florinda, si los

65

	aprestos de nuestras bodas exigen mi presencia: debo pasar a ver a los escríbanos, a la iglesia, a...
Florinda	Y a pagar en todas partes.
Juan	Decís bien, Dorotea, que en país católico nacer, casarse y morir son tres cosas que no pueden hacerse gratis. (A Felipe.) La vuelta será pronto, señor conde: (A doña Florinda) os le dejo medio rendido: proseguid la victoria; arrancadle el consentimiento. Dorotea, tengo órdenes para vos también. (Sale con ella.)

Escena VIII

Dona Florinda, Felipe II

Florinda	(¡Un señor español a solas con una judía! ¡Cuánta cólera, cuánto desprecio, si pudiese sospecharlo!)
Felipe	Mucho deseaba hablaros sin testigos, señora.
Florinda	Tal vez para revelarme el secreto que don Juan arde por saber...
Felipe	Pensamientos más tristes me ocupaban. Cuando os contemplo, doña Florinda, tengo lástima a don Juan, que ha de perderos...
Florinda	Conde, no os comprendo. Me espantáis.
Felipe	A pesar mío os lo anuncio; pero esas bodas son imposibles.

Florinda	¿Quién ha de oponerse? ¿Vos? ¡Oh! no, no seréis vos, en quien descansa su confianza ciegamente, vos, a quien no ha mucho llamaba él hermano.
Felipe	No es mi gusto, señora, quien os separa, sino mi deber más bien, y la autoridad que de su padre recibí...
Florinda	De un padre que no existe, que os negáis a descubrir, y cuyos derechos, si viviese, mal pudieran encadenar el albedrío de don Juan.
Felipe	Pues que no basta la autoridad paterna, haré valer, señora, otra más poderosa, más absoluta, y delante la cual todo hidalgo bien nacido debe bajar la cabeza y doblar la rodilla: la del rey.
Florinda	¿Qué decís?
Felipe	La verdad, señora; el rey es quien así lo quiere, el rey quien está a vuestro lado, el rey quien os habla.
Florinda	¡Cielos! ¡El rey aquí! En casa de una... ¡En mi casa!
Felipe	Tembláis, señora; tranquilizaos. Sí, el rey es, quien pesaroso de haberos de imponer un sacrificio necesario, pudiendo intimaros una orden, os expresa solo una súplica.
Florinda	(Doblando una rodilla.) Señor, perdonad mi atrevimiento.
Felipe	(Levantándola.) ¿Qué hacéis? no lo sufriré.

Florinda	¡Oh! al menos escuchad mis ruegos: pudo don Juan ofenderos con una palabra indiscreta, mas reparad que no pensaba lo que dijo: os respeta cuanto os honra, señor. ¡Oh! Gracia, señor, gracia para don Juan; sed clemente, señor, perdonadle.
Felipe	Más haré, hermosa Florinda olvidaré; pero con dos condiciones. Don Juan no ha de saber quién soy.
Florinda	Yo os lo prometo.
Felipe	Y le diréis que de grado y buena voluntad renunciáis a esa boda.
Florinda	¡Jamás!
Felipe	¿Dudáis?
Florinda	¿Dudar? Jamás, señor, jamás. ¿Yo provocar su desesperación? ¿Yo engañarle? ¿Yo mentirle, señor? El rey no puede mandarme lo que Dios le prohíbe a él mismo.
Felipe	¿Le amáis, pues, con tan ciego amor?
Florinda	Con toda mi alma, señor; más que pudiera expresar, más de lo que yo misma imaginara antes de ser tan desdichada.
Felipe	¿Y me pedís su perdón?
Florinda	Vuestra clemencia os pido; vuestra justicia imploro. ¿En qué es, señor, culpable?

Felipe	¡Os ama, es de vos amado! ¡Ah! creedme, ha cometido un delito imperdonable. Un claustro no tiene severidad bastante para su castigo: su sangre toda vertida gota a gota no bastará para expiarle.
Florinda	¡Su sangre! ¿Qué habéis dicho?
Felipe	Ya me oísteis, señora: sabéis quién soy, y lo que puedo. ¿Dudáis aún?... Pero, ¿quién osa penetrar hasta aquí?
Florinda	¿Olvida Vuestra Majestad que está en mi casa?
Felipe	Decís bien; un rey se cree siempre en su palacio.

Escena IX

Dichos, Don Rodrigo

Felipe	¿Sois vos, don Rodrigo? Llegad; venís a tiempo.
Rodrigo	(Saludando a doña Florinda.) Temí llegar tarde; pero al veros, señora, comprendo que si mi discípulo puede acusarme de perezoso, el señor conde debe esperarme sin impaciencia.
Felipe	¿Sabéis que soy llamado aquí para una boda?
Rodrigo	Supe con gran contento que habíais prestado el consentimiento.
Felipe	Os engañaron.
Rodrigo	(¡Lo imaginé!)

Felipe	Dos personas se oponen a este enlace; doña Florinda...
Florinda	¡Piedad, señor!
Rodrigo	¿Vuestra Majestad se ha dado a conocer?
Felipe	Solo de doña Florinda, que me guarda el secreto. Os lo repito; dos personas, doña Florinda y yo.
Rodrigo	Con una bastara y sobrara para que la boda no se hiciera.
Felipe	Don Juan va a volver: le diréis que doña Florinda rehúsa acompañarle al altar, y que se resolvió a no volverle a ver.
Florinda	Ved, señor, que don Juan no lo ha de creer.
Rodrigo	Me atrevo a afirmar también a Vuestra Majestad que temo que don Juan...
Felipe	¡No dé crédito a las palabras de su segundo padre, aquel modelo de crianza cristiana! Esas fueron al menos vuestras palabras.
Rodrigo	Vuestra Majestad es harto bueno en acordármelas.
Felipe	O faltasteis, don Rodrigo, a la confianza que se puso en vos, o ejercéis sobre él una autoridad sin límites.
Rodrigo	He procurado al menos...
Felipe	¿Oye vuestras órdenes con respeto filial?

Rodrigo   Así debiera ser.

Felipe   Si así no fuese, habríais cometido, don Rodrigo, una falta harto grande; y sabéis que mientras yo reine, ninguna falta ha de quedar impune; vedle pues, habladle, y que salga de aquí para no volver jamás. Esa es vuestra misión; cumplidla; de otra suerte ved de poner orden en vuestros negocios. Solo puedo compadeceros.

Rodrigo   (¡Dios me ampare!)

Felipe   Dadme licencia, doña Florinda, que os ofrezca la mano hasta vuestro estrado.

Florinda   ¡Ah, señor! Vuestra Majestad se dejará conmover por mis lágrimas; Vuestra Majestad cederá por fin a mis ruegos.

Escena X

Don Rodrigo, después Don Juan

Rodrigo   ¡El rey se burla! ¡Cumplidla! ¡Cierto! ¡Y habéoslas a un tiempo con la impaciencia, la ira, el amor, la desesperación, con todos los sentimientos, todas las pasiones a la vez! ¡y desencadenadas en el pecho de don Juan! Mejor quisiera... ¿Pero no es él? Lo que me parte el corazón es la confianza, el contento con que se va a arrojar a mis brazos. ¡Ah! si supiera la nueva que le espera en ellos.

Juan	(Abre la puerta, y separa en ella.) Aprisa, Dorotea, aprisa, tomad el manto; presto os seguimos.
Rodrigo	¿Qué dije?
Juan	(A don Rodrigo.) Loada sea la exactitud: y bien, señor, ¿la visteis? ¿la hablasteis? Venid a bendecir nuestra unión: todo está pronto.
Rodrigo	Mi querido don Juan, quisiera antes deciros dos palabras.
Juan	Hablad; os iré escuchando.
Rodrigo	No; si no lo habéis a enojo, hagámonos a esta parte, y prestadme atención sin moveros.
Juan	Sí puedo; daos prisa.
Rodrigo	Vuestros ímpetus, don Juan, me ponen un candado en los labios, y...
Juan	Pardiez, don Rodrigo, hablad.
Rodrigo	Enhorabuena, pues lo queréis; dadme vuestro brazo, en que me apoye hasta nuestra casa, y allí...
Juan	¡En nuestra casa! Cuando todo lo más que por vos puedo hacer es no moverme de este punto... Pero, don Rodrigo, ¿qué misterio?... ¿y doña Florinda?... ¡Al caso, por Dios, al caso!
Rodrigo	Sea pues; doña Florinda os niega su mano y os prohíbe para siempre la entrada en su casa; he aquí el caso.

Juan	¿Qué decís? ¿Doña Florinda, a quien acabo de ver? os engañan: no es posible, lo repito, no es verdad.
Rodrigo	Os lo afirmo.
Juan	De su misma boca no lo creyera; y de ella propia quiero saber... ¿dónde está?
Rodrigo	Teneos, don Juan; lo juro por mi honor, nada hay más cierto.
Juan	¡Por vuestro honor! Pero si tal cosa fuese posible, habría yo introducido aquí un traidor que hubiera hecho un uso bien vil de sus pretendidos derechos...
Rodrigo	(He aquí lo que temí.)
Juan	Un impostor que se habría burlado de su propia palabra, y de mi ciega confianza.
Rodrigo	¡Ah! no sospechéis...
Juan	Y a quien habré de pedir cuentas de su conducta.
Rodrigo	Guardaos de repetir las palabras que acabáis de proferir.
Juan	Se las repetiré en su cara, aunque haya de habérmelas con el primer grande de la monarquía, con la mejor espada de Castilla; aunque hubiera de ponerle la mano encima en medio de la corte, en el alcázar de Toledo, tendré con él una explicación.

Rodrigo	¡Don Juan, perdéis el seso!
Juan	Pero antes he de ver a doña Florinda.
Rodrigo	¡Oh! no iréis.
Juan	¿Y quién lo impedirá?
Rodrigo	Don Juan, os perdéis.
Juan	(Furioso.) ¡Cielos, está con ella!
Rodrigo	¡Don Juan, don Juan, hijo mío!
Juan	¿Con ella? ¡Maldición! Don Rodrigo, vinisteis a ser testigo de una boda, y lo seréis de un duelo. Hasta aquí habéis sido mi padre; pero siempre seréis hombre de honor. Aquí no conozco a nadie; vos seréis mi segundo...
Rodrigo	¡Yo! ¿y de un duelo contra él?
Juan	Ved si podéis negaros; puesto que está aquí todavía, nadie podrá librarle de mi venganza.
Rodrigo	¡Hay más pesares! ¿Qué puedo hacer sino huir?... (Don Rodrigo va a salir, don Juan se precipita, sale Felipe II.)

Escena XI

Dichos, Felipe II

Felipe	Quedaos, don Rodrigo.

Rodrigo	Quisiera estar a mil leguas de aquí.
Juan	Iba en busca vuestra, señor conde.
Felipe	Yo os salía al encuentro, señor don Juan.
Juan	Tengo una pregunta que haceros y una satisfacción que pediros.
Felipe	Veré si debo responder a la primera, y si quiero dar la segunda.
Juan	Me habéis empeñado vuestra palabra: ¿acaso no os acordaríais?...
Felipe	He impuesto una condición. Tal vez habríais olvidado...
Juan	La de aprobar mi elección.
Felipe	¿Y si no la aprobase?...
Juan	Tenéis el derecho de negarme vuestro consentimiento.
Felipe	Lo creo.
Juan	Como yo el de casarme sin él.
Felipe	Lo dudo.
Juan	Grande y poderoso, tal cual sois, pronto lo sabréis de cierto. Yo también tengo una duda.
Felipe	¿Cuál?

Juan	¿Es cierto lo que me ha dicho don Rodrigo...?
Felipe	¿Qué os dijo Rodrigo?
Rodrigo	Nada que no pueda repetir delante de vuecelencia.
Juan	Doña Florinda me niega su mano y me cierra su puerta.
Felipe	Tal es en efecto su resolución.
Juan	Mas no así su voluntad.
Felipe	¿Qué os obliga a suponerlo?
Juan	Su amor. Habéis recurrido a las amenazas para intimidarla.
Felipe	¿Y por qué no a la razón para convencerla?
Juan	¡Basta de rodeos! Es una felonía que solo puede lavarse con sangre. La vuestra, o la mía.
Rodrigo	¡Imprudente!
Felipe	Extraño lenguaje en boca de un hombre de iglesia.
Juan	Subterfugio digno de un cortesano.
Felipe	Acaso no hayáis meditado que hay alguna distancia entre nosotros.
Juan	¿Qué podéis alegar para probarla? ¿Vuestra edad? entrambos somos jóvenes. ¿Vuestra mayor destreza en las armas? la niego. ¿Vuestra nobleza? vos me sois

	garante de la mía; quien quiera que yo sea, presumo que mi padre no valía menos que el vuestro.
Felipe	También es más cierto de lo que creéis.
Juan	¿En qué os fundarais pues para rehusar?
Felipe	¿Y quién os dice que no acepto?
Rodrigo	(Arrojándose entre los dos.) Vuecelencia permitirá...
Felipe	¡Silencio!
Rodrigo	¿Osáis, don Juan...?
Juan	Dejadnos... (Al rey.) En tal caso, dentro de algunos instantes detrás de las tapias de Santo Domingo.
Felipe	Ved, señor don Juan, que es sitio consagrado.
Juan	Eso más cerca estará el vencido de reposar en él: en cuanto me separe de doña Florinda, que ha de verme, mal que os pese, soy vuestro.
Felipe	Una palabra, don Juan, una sola, que os ruego peséis bien. No os estorbo que entréis a ver a doña Florinda, que ha de repetiros cuanto acabáis de saber; mas si tenéis afición a la vida, renunciad de buen grado a esa entrevista: os lo aconsejo, porque si traspasáis el lintel de esa puerta no habrá perdón posible para vos.
Rodrigo	Ceded, don Juan, que yo también os lo ruego.
Juan	(Al rey.) Es compasión.

Felipe   Mozo imprudente, bien la habéis menester; merecedla.

Juan   Noble conde, voy a saber de doña Florinda si sois vos acreedor a la mía.

Escena XII

Felipe II, Don Rodrigo

Felipe   ¿Qué decís, don Rodrigo?

Rodrigo   (Todo trémulo.) Señor...

Felipe   ¿Ese es el cristiano perfecto, el tercer devoto de mis reinos?

Rodrigo   Confieso que por lo que hace a la devoción...

Felipe   Tímido como una joven doncella...

Rodrigo   Convengo en que por lo que hace a la timidez.

Felipe   ¿Qué podéis decir pues en disculpa de él y de vos? ¿Y yo no he de castigar su atrevimiento?

Rodrigo   ¿Vuestra Majestad descendería hasta castigarle por su mano?

Felipe   ¿Estáis loco?

Rodrigo   Dignaos, señor, reparar que si hubiera sabido que hablaba con el rey...

Felipe		¿Si lo hubiera sabido viviría?
Rodrigo		¡Vuestro hermano!
Felipe		¡Mi hermano, ese vasallo rebelde, ese bastardo insolente! No lo es; no lo será jamás: él mismo acaba de cerrar la puerta a su perdón. Un medio solo os queda de lograr el vuestro.
Rodrigo		(¿Qué exigirá de mí?)
Felipe		Vos sois el único aquí que sabe este arcano: ni puedo, ni quiero valerme de otro que vos para sepultarlo en el olvido más profundo. (Acercándose a una mesa.) Vais a apoderaros de don Juan.
Rodrigo		¿Osaré hacer presente a Vuestra Majestad una sola observación? Paréceme, señor, que le ha de ser más fácil a él apoderarse de mí, que a mí apoderarme de él.
Felipe		Mis gentes están prontas a prestaros auxilio, y deben de haber llegado ya.
Rodrigo		(Mientras que el rey se sienta a la mesa.) ¿Qué querrá escribir?
Felipe		(Escribiendo.) «Mi muy reverendo padre: Recibid en vuestra piadosa casa al mancebo que será presentado por don Rodrigo Quesada, y ved de que sometido a toda la autoridad de vuestra regla, quede encerrado en ella para toda su vida. Yo el rey.»
Rodrigo		¡Para toda su vida!

Felipe	Conduciréis a don Juan al monasterio más inmediato y de la orden más austera: entregaréis al superior esas letras de mi mano, y volveréis a darme cuenta de lo que hubiereis hecho.
Rodrigo	¡Perdón, señor! ¡Perdón para un desdichado!
Felipe	Si no obedecéis, los que han de acompañaros llevan orden de conduciros a mi presencia, y ora tengáis por morada un ataúd o las paredes de un calabozo, no han de volver vuestros ojos a ver la luz del sol.
Rodrigo	Obedeceré.
Felipe	(Abriendo la puerta del fondo, y hablando a varios ministros.) Entrad, y ejecutad cuanto en mi nombre os mande don Rodrigo. (A don Rodrigo.) Presteza y discreción, o arreglad vuestras cuentas con Dios.
Rodrigo	Está bien, os entendí.
Felipe	Mucho me importaba que me entendierais. Quedad con Dios, don Rodrigo.

Escena XIII

Don Rodrigo, junto a las candilejas; los ministros, al fondo

Rodrigo	¡Para toda su vida! ¡En un convento para toda su vida! ¡Mancebo desdichado! a pesar de todas sus locuras, de sus devaneos todos, nunca conocí mejor que en este punto cuán grande es el amor que le tengo. Es mi hijo también. ¡Y he de ser yo quien he de dar cumplimiento a ese decreto tirano...! (Vuelve a leer la orden,

y paséase con agitación.) Pero esta orden no señala el monasterio. ¡Ah! me ocurre... Si. Don Juan no tiene en el mundo más que un protector natural que pueda salvarle, y salvarnos a entrambos: fuera osadía, sin embargo... El rey don Felipe... ¿y qué importa? ¿Tengo algo ya que aventurar? Una vez desasido de la cumbre, ¿puedo hacer otra cosa que rodar hasta el abismo? ¡Oh! Ya conozco esas posiciones críticas; el emperador mi amo gustaba de ellas, pero él siempre caía de pie, y yo con él. Plegue al cielo que hoy pueda hacer otro tanto. (Con firmeza.) Hay una especie de miedo que le da a uno ya valor de puro grande. Ya estoy bien decidido. (Entrándose.) Daos, don Juan, a mí. (Vuelto desde la puerta a los ministros.) ¡Entremos, señores, y favor al rey para prender a un hombre!!!

(Vanse.)

Acto III

Habitación de Carlos V en Yuste. Pieza de paso. Una ventana abierta. Debajo de la ventana una tarima, donde duerme el novicio. Es de noche aún.

Escena I

Pablo inclinado sobre la ventana

¡Llega al suelo! ¡Bueno! ¡Arriba! Pille yo una noche oscura... y tú, escala mía, me sacarás del monasterio. Treinta escalones y en tierra: una vuelta de llave, ¡y ancha es Castilla!

Carlos   (Desde adentro.) ¡Pablo!

Pablo   ¿Es su voz? ¡Sí! La escala debajo de la tarima, y el novicio encima. ¡Gritad ahora, enhorabuena!

Carlos   ¡Pablo!

Pablo   ¡Estoy dormido!

Escena II

Carlos V, de monje, con una lámpara en la mano; Pablo, que finge dormir.

Carlos   ¡Ah, bienaventurado! ¡En otro tiempo todo me era posible, menos dormir de esa suerte! (Arrastrándose de mueble en mueble hasta una mesa donde coloca la lámpara.) ¡Pobre mozo! Siempre a mi lado, y sin conocerme. Ningún religioso osaría contravenir a mi orden revelándole quién soy, o quién fuí más bien.

Pablo	(Incorporándose.) Habla solo, pero tan bajo...
Carlos	Siempre padecer... ¡sin tener con quien dolerse! (Levántase, y va a sacudir del brazo a Pablo.) ¡Arriba, novicio, arriba! La pereza, hermano, es gran pecado.
Pablo	Sin duda (Bostezando.) el que inventó ese pecado debió de ser un santo varón a quien la gota desvelaba.
Carlos	O que sabía el precio del tiempo. Pero vos, novicio, cuando no le perdéis del todo, empleáislo mal: siempre respondón, y curioso por demás.
Pablo	¡Como si fuese yo el único en la casa!
Carlos	¿Qué queréis decir? ¿Eso va conmigo?
Pablo	Dios me libre, padre; no, sino con el padre prior, que me anda siempre sacando las palabras del cuerpo.
Carlos	¿Y qué os pregunta?
Pablo	(El padre no es curioso.) Cuanto hace vuestra reverencia, y lo que dice, y lo que escribe.
Carlos	¿No más? ¿Y le respondéis?...
Pablo	Que hacéis relojes, que decís: ¿Qué hora es? y que escribís vuestras confesiones.
Carlos	¡Bien, por Dios! os tuve por maldiciente...
Pablo	Yo, padre...

Carlos	Si fuese cierto, fuerza sería separaros de mí, porque es hombre el padre prior de tomar a la letra vuestras palabras. ¡Más que hombre de Dios, es hombre del rey! Y en cuanto a mí, sobre acechar mis acciones, de un grano de arena haría él de buen grado una montaña.
Pablo	(El padre no es maldiciente.)
Carlos	Quiero más bien la llaneza salvaje del padre lector.
Pablo	¿Del padre Lorenzo, mi tío?
Carlos	(¡Su tío! ¡Pobre mozo! ¡Condenado a ser huérfano! Los monjes no tienen nunca sino sobrinos.)
Pablo	No sé qué os diga. Hace días que el padre prior se ha vuelto más indulgente. Como la comunidad ha de reunirse hoy para la elección de prior nuevo, no dice ya mal de nadie. En vez que mi tío, el padre Lorenzo, dice mal de todo el mundo. Quiere el primero hacerse con votos para ser reelegido, y el segundo quitárselos a los demás.
Carlos	¿Y de mi dice mal también?
Pablo	Como de costumbre: acuérdase de que fue marino, y todo es gritar, como a bordo: ¡La obediencia! ¡La subordinación! Y dice sobre eso que vuestra reverencia provoca la rebelión de los padres mozos contra los viejos.
Carlos	¿Yo que ando siempre conciliando los bandos?

Pablo	Sí, mas parece hecho adrede: en cuanto los conciliáis, pesia mí si se entienden.
Carlos	Di más bien que la próxima elección los saca a todos de quicio.
Pablo	Hasta el padre Timoteo.
Carlos	¡Un hombre tan humilde!
Pablo	Mucho: así perora él humildemente por lo bajo, y tiene a su devoción más de veinte padres... por su parte, el padre lector, mi tío, dispone de otros tantos; de suerte que se andan quitando los votos y la buena fama... ¡Oh! ¡y le aborrecen!... Es una bendición.
Carlos	¿Sabéis por quién votará el padre Timoteo?
Pablo	Por el padre procurador tal vez. Como es el amigo del padre despensero... Pero alguien conozco yo por quien votaría él de harto mejor gana.
Carlos	¿Por quién?
Pablo	Por vuestra reverencia.
Carlos	¿Tengo yo por ventura pretensiones?
Pablo	Ayer me decía: «Nuestro venerable padre... esa lumbrera de la comunidad, a quien tienes la dicha de ver a todas horas, goza de gran favor con el rey; si él quisiera, tendría yo la honra de predicar esta cuaresma en presencia de la corte.»

Carlos	Como si estuviera allí Dios más bien que en otra parte. ¿Y no añadió nada acerca de Carlos V?
Pablo	¡Carlos V! no le conozco.
Carlos	(Sonriéndose.) ¡Oh gloria humana! (Dejándose caer en el sitial.) ¡Ay! solo el dolor es real en este mundo.
Pablo	¡Ah! ¿Hablaba vuestra reverencia de ese Emperador a quien nadie veía, que ha muerto aquí recientemente, y cuyas honras han de celebrarse dentro de tres días?
Carlos	Sí; dentro de tres días. (Diéronme gusto acreditando ese rumor, que ha de ahorrarme tantas molestias.)
Pablo	¡Oh! cuando habla de ese Emperador, se santigua y se inclina, y más cuando pronuncia: «Su Majestad imperial y real, que santa gloria haya.»
Carlos	¡Bueno está, bueno! Vuestra locuacidad, Pablo, me divertía hasta ahora, pero a la larga...
Pablo	Todo cansa. He ahí previamente el efecto que me produce el monasterio.
Carlos	¿Qué es eso, Pablo? Pasad a mi celda; dad un vistazo a mis relojes. Creo que el número cuatro atrasa.
Pablo	Voy, reverendo padre; pero por más que yo mueva el minutero, el tiempo no ha de pasar por eso más de prisa.
Carlos	Si me levanto y os alcanzo, Pablo...

Pablo	(Sale saltando.) ¡Sí, sí, con la gota!...

Escena III

Carlos V	¡Dices bien! vida sedentaria y enojosa, más que un libro que se sabe de coro; sin que os saquen de esta nada sino las picaduras de estos insectos del claustro. Ese padre Lorenzo, por ejemplo. ¡Ah! cuando veo un viejo severo, intolerante por demás con los pocos años, me digo para mi conciencia que ha de haber sido también indulgente por demás consigo propio. ¡Pablo se ha quejado recientemente a su madre del rigor de su tío! Ha venido a verme la buena mujer, se ha echado a mis plantas, me lo ha confesado todo, rogándome que ablande al tío en favor del novicio. ¡Oh! he de hablarle, es ya un deber. Padre Lorenzo, padre Lorenzo, hace diez y seis años... Pero ¿qué digo? ¿Es él por ventura el único que sofoca la voz de la naturaleza por respetos humanos? ¡Yo mismo, yo!... (Levantándose.) ¡Qué suplicio! ¡no tener nada que hacer, nada con que adormir la conciencia! Por dicha, he aquí el alba. (Acercándose a la ventana.) ¡Llanura de Yuste! paréceme que ha envejecido como yo. ¡Cuán lozana me pareció cuando la crucé en medio de la pompa de mi gloria para venir a morir en ella! ¿Y hace dos días no morí ya en vida para el mundo? La campana ya. Vamos a coro, a cantar alabanzas al Señor; yo, yo que en otro tiempo me hallaba estrecho en mis estados, donde nunca se ponía el sol, que decidía con la vista de la suerte de los imperios, que conmovía la Europa con un fruncir de cejas... ¡y ahora uno de los acontecimientos de mi vida es cantar en el coro!

Escena IV

Carlos V, Pablo

Pablo — Vienen a buscar a vuestra reverencia para los oficios.

Carlos — Siempre los mismos versículos, y cantados siempre en el mismo tono. No importa, ¡tengo placer en escucharme! ¿Y vos, hermano Pablo?

Pablo — ¡Vaya, padre! ¿no he de tener? (Desentona!) No olvide vuestra reverencia al padre Timoteo. ¡Predica tan bien! Sus sermones son los únicos que puedo yo oír sin dormirme.

Carlos — ¿Dormís, vos, en el sermón?

Pablo — Vuestra reverencia no me deja dormir de noche. Y vos mismo el domingo...

Carlos — ¿Eh?

Pablo — ¿No tuve que tirar del hábito a su reverencia?

Carlos — ¡Silencio, bachiller!

Pablo — (¿Bachiller? El padre comete todos los pecados que me echa en cara.)

Escena V

Dichos, el padre Lorenzo, el padre Timoteo

Flor	(Bruscamente.) ¡Dios guarde a su reverencia!
Carlos	Haga el Señor igual merced a las vuestras, padre Lorenzo y padre Timoteo.
Flor	¿Parece que la gota atormenta siempre a su reverencia? Es fuerza acostumbrarnos a vivir con nuestro enemigo, como solíamos decir a bordo de las galeras de Su Majestad cuando venía la marejada. Tengo buenas nuevas que dará su reverencia. Esta noche ha llegado al monasterio un joven mancebo, que ha sido recibido en vista de una orden de Su Majestad. Y como su reverencia ha pedido al padre prior otro novicio a quien instruir en sus ratos de ocio, nuestro superior os le va a enviar...
Carlos	De buena gana, padre, y lo más presto será lo mejor. Pablo, os dispenso hoy de los oficios: quedaos en la celda para recibir al recién venido.
Pablo	(Inclínase.) (¡Dispensación de oficios y una cara nueva! No empieza mal el día.)
Carlos	(Al padre Lorenzo.) Tenga su reverencia piedad de un enfermo, padre lector, y acórteme el camino conduciéndome por la escalera privada.
Flor	Bien quisiera, pero Dios sabe dónde para mi llave maestra.
Pablo	(Y yo también lo sé.)
Carlos	¡Paciencia,! (Tomando el brazo del padre Timoteo.) Vamos, pues. Prestadme apoyo.

Timoteo	(Por lo bajo.) ¿Osaré decir a vuestra reverencia: Hoy por ti, mañana por mí?
Flor	(Buscando en sus faltriqueras y mangas.) Será fuerza buscarla.

Escena VI

Pablo	Busca, busca. El día en que, después de haberme predicado sobre el pecado de la ira me disteis un golpe con ella sobre los dedos, pasó de vuestra manga a la mía. Héla aquí: abre todas las puertas, hasta la del jardín, ¿Y la había de encontrar vuestra reverencia? No, sino colgarela yo a los pies de Nuestra Señora del Amparo si me abre las puertas del monasterio. A la manga. He visto a mi compañero. Parece triste.

Escena VII

Pablo, don Juan; un novicio, que deja un hábito sobre un sitial, y sale.

Juan	(Sin ver a Pablo.) ¡Desarmarme! ¡Arrancarme de sus brazos, a pesar de sus lágrimas! ¡Que no pudiese vengarme! ¡Para siempre separado de ella!
Pablo	¡Santa María! habla de una mujer.
Juan	¡Para siempre enterrado en este monasterio! Estas paredes me ahogan. Me volverán impío queriendo convertirme por fuerza. (Cayendo en un sitial.) ¡Desventurado!
Pablo	Dame lástima. -¿Hermano?

Juan	(Volviéndose.) ¿Quién sois?
Pablo	Pablo, vuestro compañero.
Juan	¿Qué queréis?
Pablo	Haceros servicio.
Juan	¿Sí? ¿Qué convento es este?
Pablo	El monasterio de Yuste.
Juan	(Levantándose.) ¿Yuste? ¿donde se ha retirado Carlos V?
Pablo	Todos hablan de Carlos V.
Juan	Él tomará mi demanda. ¿Puedo verle?
Pablo	Ha tres días que murió.
Juan	(Cayendo de nuevo en el sitial.) Y mi esperanza con él.
Pablo	(He de decirle... ¿qué riesgo corro? Aquí no conoce a nadie: y me ha de ayudar.) (Misteriosamente.) No os aflijáis: yo os protejo.
Juan	¿Vos? ¡pobre mozo!
Pablo	Sed sumiso a las órdenes del reverendo a cuyo cargo venís.
Juan	¡YO a su cargo! ¡Mil diablos antes, el infierno todo!.

Pablo	¡Cómo jura!
Juan	Jamás. Dije que no he de ser fraile: no he de serlo.
Pablo	Pero hablad más bajo: en el monasterio no se dice cuanto se piensa, y lo que se dice se dice por lo bajo.
Juan	(Echando mano al hábito.) Primero haré pedazos este hábito con los pies.
Pablo	(Conteniéndole.) ¿Qué hacéis? Aquí se rabia cuanto se quiere debajo del hábito, ¡pero desgarrarle!... ¡se vería! (Hay que enseñarle desde el Cristus.)
Juan	¿Qué queréis, pues?
Pablo	Escuchad: tengo ocasión de libertaros; pero es fuerza disimular.
Juan	¿Podré?
Pablo	Si la noche es oscura...
Juan	¿Qué?
Pablo	Con esta llave...
Juan	Acabad.
Pablo	¡Silencio! he aquí al padre.
Juan	Está visto: no lo sabré. (Pablo canta a media voz un villancico.)

Escena VIII

Dichos, Carlos V

Carlos	Hermano Pablo, id a cantar vuestros villancicos a mi huerta.
Pablo	(Le diré dos palabras a sus naranjas. Obedezco.) A don Juan poniendo el dedo en la boca.) Hermano, hasta luego.
Carlos	¡Ea! andad.
Pablo	(¡Cómo no se le escape la verdad! El que no sabe los usos de la casa.)

Escena IX

Carlos V, don Juan

Carlos	Llegad.
Juan	(Le aborrezco ya.)
Carlos	(Hay algo en él que me llega al corazón.)
Juan	Reverendo padre... (¡Buen aspecto!)
Carlos	¿Pensáis pronunciar vuestros votos en esta casa?
Juan	Nunca supe mentir. Estoy en ella mal mi grado.
Carlos	¿Cómo?

Juan	Por fuerza se apoderaron de mí, y por fuerza me trajeron.
Carlos	¿No teníais, pues, ningún protector?
Juan	Uno tuve: veinte años me trató como a hijo. Cometí faltas, es verdad. ¿Pero por ellas debía ser cómplice de una felonía él mismo, don Rodrigo Quesada?
Carlos	¡Don Rodrigo Quesada! ¿Vos fuisteis confiado a don Rodrigo?
Juan	Al mismo.
Carlos	¿Os llamáis don Juan?
Juan	Cierto.
Carlos	(¡Él es! ¡Mi hijo! ¿Es posible?) ¿Vos, don Juan, vos desdichado, y junto a mí? ¿Vos forzado en este claustro?
Juan	Y para siempre. Mas ¿qué tenéis?
Carlos	¡Oh! nada, nada. La compasión... el... (Sea yo dueño de mí propio.)
Juan	¿Sabíais mi nombre?
Carlos	¿No acaban de decírmelo? (¡Gentil presencia! ¡gallardo continente! ¿Y no he de abrazarle?)
Juan	¿Pero conocíais a don Rodrigo?

Carlos	Hele visto en otro tiempo. ¿Él acaudillaba a los que os trajeron?
Juan	Él fue quien me puso la mano encima; él fue mi carcelero. Ni hablarle quise, ni mirarle. Con todo, cuando llegábamos a las puertas aún tuvo la osadía de decirme al oído: «Agradecedme que os conduzca a este monasterio: tenía orden de llevaros a otro.» ¡Aun he de estarle agradecido!!!
Carlos	(Reconozco a mi antiguo consejero.)¿Mas de quién fue esa orden?
Juan	Del rey.
Carlos	(¡Su propio hermano!) ¿Del rey, decís?
Juan	Sorprendida tal vez por un cobarde caballero que quiso más bien deshonrarse, encerrándome, que cruzar su espada con la mía.
Carlos	Pero... ¿y vuestro padre?
Juan	En su nombre me persiguen. Él es, dicen, quien me condenó a vivir, o a morir más bien en esta cárcel.
Carlos	(Con viveza.) Es falso... quiero decir, es imposible. Que vuestro padre, por motivos que acaso él solo sepa, hubiese deseado veros abrazar una vida retirada, lo comprendo; pero ¡autorizar él propio tal violencia! ¡un padre! don Juan, es imposible.
Juan	¿Fue nunca padre para mí?

Carlos	¿Sabéis si pudo serlo?
Juan	¡Ah! reverendo padre, me abrió los ojos mi desventura. Me dicen que es muerto. Pero ¿quién sabe si vive todavía? Dios sabe si es algún prócer de esa corte devota, donde el que fue frágil en su juventud se vuelve hipócrita en su vejez. El cielo sabe si acaso persigue en mi un recuerdo molesto, un testigo acusador, y si fui fruto de alguna flaqueza humana, de que siente más vergüenza que remordimientos.
Carlos	(Dios mío, ¡cuán cruelmente me castigas!)
Juan	Tales son esos grandes de la tierra. Por borrar la huella de un yerro venden su propia sangre, entregándola en manos extrañas, arrojan un desdichado a la merced del azar, y ampárele quien quiera. Sepúltanle vivo en una tumba para que expíe con sus austeridades un nacimiento de que ellos solos fueron culpables y, fiando su salvación de la penitencia de otro, viven en paz consigo propios, gozando tal vez de una opinión sin tacha. Por encubrir un yerro cometen un crimen; ¡y el mundo los honra!!!
Carlos	Basta, mancebo, basta. ¿No teméis ser injusto con vuestro padre?
Juan	Decís bien. Tal vez lo sea. Mi desdicha me arrastró. ¿Quién fue ese padre? ¿Quién? Díganmelo en fin, y, a pesar de cuanto oísteis, señor, daré el ser que de él recibí por vengar su honra puesta en duda, o su memoria ultrajada. ¡Ah! Si dejó de existir, le lloro; si vive, le perdono.

Carlos	Bien, don Juan, bien. Me acabáis de probar que sois digno de mejor suerte.
Juan	¿Qué decís? ¿Habré encontrado un amigo donde solo esperé hallar perseguidores? ¡Ah! ¿Por qué murió tan presto Carlos V? Hubiérale acaso hablado por vuestra mediación.
Carlos	¿Qué le hubierais dicho?
Juan	¿Vos me lo preguntáis? Hubiera besado sus plantas. Hubiérale dicho: «Tengo valor, señor; tengo ambición de gloria, y quieren sepultar mi porvenir en la estrechez de un claustro. No tengo sino veinte años, y se tuercen las leyes divinas para imponerme una esclavitud sin término: soy, señor, súbdito vuestro, y me oprimen con mengua de las leyes humanas. Fuisteis harto grande para no ser bueno y justo, y debéis lanzaros entre el opresor y el desdichado.» ¿Pensáis que no le hubiera persuadido?
Carlos	Más, don Juan: ¡hubiéraisle arrancado lágrimas!
Juan	Él me hubiera devuelto al mundo; ¿no es verdad? a la gloria, a aquel contento, en fin, cuyo recuerdo me mata lejos de ella.
Carlos	¡Lejos de ella! ¿Qué decís?
Juan	Perdón, si os muestro mi corazón todo entero. Hay una mujer en la tierra que era mi vida, la mitad de mí mismo...
Carlos	(¿Pudiera yo en eso ver un crimen?)

Juan	A punto ya de unirnos, nos separaron para siempre.
Carlos	No me culpéis de indiscreto: me interesasteis, don Juan: os quiero servir, y he menester saberlo todo. ¿Su nombre?
Juan	Doña Florinda Sandoval.
Carlos	¡Sandoval! ¡Cristianos nuevos! si no me engaño...
Juan	¿Qué importa?
Carlos	Para el mundo mucho; pero ante Dios, decís bien: no es la fe mejor la más antigua, sino la más pura.
Juan	¿Sois monje y habláis así?
Carlos	Don Juan, sois joven. ¡Mucho os queda que ver! Conozco esos Sandovales. Prestome el padre de doña Florinda un servicio que mal pudiera olvidar: acuérdome además de haber visto muy niña a doña Florinda.
Juan	¿La visteis? ¡Belleza sin igual!
Carlos	Prometía serlo. (Apartándose de don Juan para encubrir su emoción.) ¡Qué fuego, qué ternura en el mirar! Así era su madre. ¿Dónde sois idos, mis días de gloria y de ventura?
Juan	¿Hablasteis de mi madre? ¿La conocisteis por ventura?
Carlos	¡Yo!

Juan	¡Oh! sí; la habéis conocido: nombrádmela, por piedad. ¡Haced que yo la vea!
Carlos	¿Por qué suponéis que debo de haberla conocido?
Juan	(Despechado.) Está visto: jamás hallaré respuesta a esa pregunta.
Carlos	Vuestra desdicha, don Juan, me interesa. Es un deber religioso en mí el oponerme a una violencia que Dios condena. Saldréis de aquí.
Juan	¿Es posible? ¡por piedad, hoy mismo!
Carlos	Lo espero; no os respondo así de ese enlace que anheláis.
Juan	¡Ah! Véame yo libre ahora, ¡libre no más!
Carlos	Lo seréis: tengo alguna influencia en el monasterio: la emplearé.
Juan	(Besándole las manos.) ¡Padre mío!
Carlos	(Enternecido.) ¡Su padre! (Inclinado sobre don Juan, que se ha estado a sus pies, y a quien tiene abrazado.) ¡Hijo mío! dulce me hubiera sido hallar en vos un compañero, un amigo, y entregar mi alma al Señor sobre ese corazón que me hubiera amado... Pero no temáis: sabré sacrificar mi dicha a la vuestra.
Juan	Hacedlo, y mi vida entera será poco para agradecer...

Carlos	(No es hijo de una reina, pero vale más que el rey don Felipe.)

Escena X

Dichos, el padre prior, Pablo

Prior	(Trae a Pablo de una oreja.) Vengo, reverendo padre, a denunciaros un reo sorprendido en el acto de cobrar el diezmo de vuestras hermosas naranjas...
Carlos	¡Hermano, Pablo! ¿No os tengo prohibido...?
Pablo	No soy el primero, reverendo padre, que se ha dejado tentar por el fruto prohibido.
Prior	Ni seréis el primero tampoco en quien se castigue severamente el haber cedido a la tentación.
Pablo	(¡Pluguiera a Dios que me echaran de este paraíso!)
Carlos	Más tarde ventilaremos eso, hermano Pablo. Por ahora, don Juan, llevaos a ese mozo a mi celda, y reprendedle... ¿me entendéis?
Juan	Corre de mi cuenta, reverendo padre.
Prior	(A don Juan.) Podéis vestir el hábito, hijo mío. Es la regla.
Juan	¿Yo?
Carlos	Es la regla. (Don Juan toma despechado el hábito, y sale con el novicio.)

Escena XI

Carlos V, el padre prior, después don Rodrigo

Prior   Don Rodrigo anhela despedirse de ese mozo. La nueva de vuestra muerte le ha colmado de dolor: sin sacarle de error, le he dicho, reverendo padre, que en esta celda hallará a don Juan; pero si os pesa de verle...

Carlos   No; bien está así; pero antes, reverendo padre, he de pediros una gracia.

Prior   ¿Qué puede vuestra reverencia pedir que yo...?

Carlos   Poca cosa por cierto; y no me la negaréis hoy que la elección os prepara un nuevo triunfo, en el cual no acierto a encareceros la parte de contento que me cabe. El mancebo que acabo de recibir no tiene vocación para la vida contemplativa; mandad, pues, que las puertas le sean abiertas. Bien veis que es poca cosa.

Prior   ¿Poca cosa, reverendo padre? La orden de Su Majestad...

Carlos   Su Majestad fue inducido en error.

Prior   ¡En error! ¿Su reverencia lo cree posible?

Carlos   ¡Ah padre mío! ¿Quién mejor que yo sabe si un rey puede engañarse?

Prior   Humildad que admito. Mas ved que me hago delincuente para con el rey si desobedezco.

Carlos	Pero lo sois para con Dios si obedecéis.
Prior	Para con Dios, padre es una cuestión, y para con el rey es positivo.
Carlos	Es decir que mis ruegos... En buen hora. Lo exijo, y tomo sobre mí...
Prior	Tendré, padre, la amargura de...
Carlos	Pero...
Prior	Pero... hermano mío, yo mando aquí.
Carlos	(Con indignación.) ¡Yo mando, yo mando! (Con resignación.) Decís bien, padre prior. Su reverencia manda. Hice voto de obediencia; no seré yo quien dé el ejemplo de la rebelión.
Rodrigo	(Que reconoce al entrar a Carlos V.) ¡Santo Dios! ¿Qué veo?
Prior	¿Su reverencia me permite que me retire?
Carlos	Vuestra reverencia manda aquí.

Escena XII

Carlos V, don Rodrigo

Rodrigo	(Pugnando por arrojarse a los pies de Carlos V, que se lo impide.) ¿No me engañaron mis ojos? ¿Vuestra

	Majestad vive todavía? Creí, señor, ver su sombra saliendo de su sepulcro.
Carlos	Decís bien, don Rodrigo. No soy sino una sombra de Majestad. ¿No lo oísteis? ¿No me dijo: Yo mando? ¡Se negó a dar libertad a mi hijo, a ese hijo que me ama ya sin conocerme! ¡Príncipe perfecto, don Rodrigo! ¡Qué noble continente! Pasiones impetuosas, ¿no es verdad? ¡Y una cabeza, don Rodrigo, más ardiente que la mía!!!
Rodrigo	¿A quién lo dice Vuestra Majestad?
Carlos	¡Ha presentido su cuna! Hijo del águila, ha menester aire y sol. ¡Vive Dios! Don Rodrigo, los tendrá. Sí, ¡la luz para sus ojos, y para sus alas la libertad! (Corre a abrir la puerta de su celda.)

Escena XIII

Dichos, don Juan, Pablo

Juan	(Con el hábito de novicio sobre sus vestidos.) ¿Y vuestras instancias, padre mío?
Carlos	Malogradas, don Juan, del todo malogradas.
Juan	Sabía yo ya que este hábito había de serme aciago.
Carlos	No os desaniméis. Don Rodrigo, a quien en efecto debéis agradecer el haberos traído a esta casa, nos ayudará con sus consejos.
Juan	Que me saque de ella, y prometo olvidarlo todo.

Carlos	Andad, hermano Pablo, y ved si alguien escucha.
Pablo	Corro y vuelo. (Para no perder nada.)

Escena XIV

Dichos, menos Pablo

Carlos	Deliberemos.
Juan	Advertiré a su reverencia que ese novicio puede sernos de grande utilidad.
Carlos	Le oiremos.

Escena XV

Dichos, Pablo

Pablo	(A Carlos.) Nadie, reverendo padre, nadie.
Carlos	Podéis hablar, Pablo, a la par que nosotros.
Pablo	¿Yo, reverendo padre? Tanta honra...
Carlos	Merecedla con vuestra discreción.
Pablo	Jamás digo sino lo que me callan.
Carlos	¿Qué os parece, don Rodrigo, que se haga?
Rodrigo	Urge el tiempo, padre mío. Los criados de Su Majestad que nos acompañaron hasta el monasterio se volvieron ya a dar cuenta de la expedición. Órdenes más

severas pueden llegar de un momento a otro. Vuestra reverencia debe de haber conservado algún amigo o deudo en la corte. Que escriba en favor nuestro, y presto, y a quien pueda mucho. He ahí mi sentir. He dicho.

Carlos	¡Yo, pobre monje! ¡Olvidado! Por otra parte, os lo confieso, cifro mi orgullo en libertar a don Juan por mi propio esfuerzo. Quiero probarme a mí mismo que aún no he envejecido.
Rodrigo	(Siempre el mismo. Creándose dificultades para tener la gloria de vencerlas.)
Carlos	En consecuencia, se desecha el consejo, don Juan.
Juan	Si he de deciros la verdad, mi mejor consejo fuera esa espada que veo pendiente de la pared, y que me prueba que habéis sido soldado.
Carlos	He probado de todo un poco.
Juan	Dádmela, pues, y si no me abriese paso…
Carlos	Por más caballeresco que sea, don Juan, vuestro sentir, os diré que sería más conveniente en una fortaleza que en un monasterio. ¿No decíais que Pablo…?
Juan	Le prometí secreto.
Carlos	Hablad, hermano Pablo, os lo mando.
Pablo	¿Vuestra reverencia me empeña su palabra…

Carlos		¿De qué?
Pablo		De que aun después de conocido mi arbitrio podré aprovecharme de él para mí mismo?
Carlos		¿Queréis dejarme, hermano?
Pablo		No a vuestra reverencia, sino el convento. No tengo vocación tampoco.
Carlos		¡Hermano Pablo!
Rodrigo		(Bajo.) Ved, señor, que...
Carlos		(Bajo.) Decís bien. Veamos. Hablad.
Pablo		Tengo dos medios. (Enseñándole la llave.) ¡Uno!
Carlos		¡Dios me perdone! ¡La llave maestra del padre lector!
Pablo		¿Su reverencia olvida...?
Juan		¡Padre mío!
Pablo		(Descubriendo la escala bajo la tarima.) ¡Otro!
Carlos		¡Una escala de cuerdas!
Pablo		Con ésta se baja por esa ventana: con la otra se sale por la puerta excusada que da al campo.
Carlos		¿Sabéis, hermano, que mereceríais?... Con todo, no me ocurre nada mejor. No será la primera vez que un

	novicio habrá andado más discreto que todo un capítulo.
Pablo	La comunidad está en el refectorio, cuyas ventanas dan a la parte opuesta; y cuando está en tan santa ocupación, nunca piensa en otra cosa. Aprovechemos la ocasión.
Carlos	¡En buen hora!
Juan	¡Honra y prez al hermano Pablo!
Carlos	(A don Rodrigo.) En cuanto os veáis fuera de aquí, conducid a don Juan a casa del anciano duque de Medina: habladle de mí: no habrá olvidado aún a su antiguo amigo. Ocultos en su posada, esperad a recibir letras mías. Manos a la obra, don Juan.
Juan	No he de hacerme de rogar.
Rodrigo	¿Queréis que a mi edad?...
Carlos	Yo os tendré la escala. Pablo, tened cuenta. (Hace seña al novicio, que sale a la puerta a acechar.)
Rodrigo	¿Vuestra reverencia se dignaría?...
Carlos	A otros he ayudado a bajar, y de más alto.
Rodrigo	(Besando la mano a Carlos.) ¡Dios guarde, pues, a vuestra reverencia!
Juan	¡A más ver, padre mío!

Carlos		¿Os vais sin estrecharme en vuestros brazos?
Juan		Decís bien. Fuera ingratitud.
Carlos		(Conmovido.) ¿Volverele a ver?
Juan		¡Ah! Se me olvidaba. (Va a desnudar el hábito.)
Pablo		(Acude presuroso.) ¡Silencio! ¡Silencio! ¡El padre prior!
Rodrigo		¡Somos perdidos!
Carlos		¡Va a ver la escala!
Pablo		(A don Rodrigo.) ¡Cerrad una de las maderas!

Escena XVI

Dichos, el padre prior

Prior		(A don Juan.) Novicio, seguidme.
Carlos		¿Dónde, pues?
Prior		Incomunicado. Acabo de recibir esta orden: quien la trae da dos horas de descanso a los caballos, y ha de volverse con don Juan para otro monasterio.
Juan		¡Conmigo!
Carlos		(Calmándole.) ¡Paciencia! ¡resignación!

Prior	Por lo que hace a vos, señor don Rodrigo, varios caballeros os esperan a las puertas del monasterio: no sé qué palabras oí del alcázar de Segovia.
Rodrigo	¡El alcázar!
Carlos	(A don Rodrigo.) Señor don Rodrigo, la jornada será buena.
Rodrigo	Ya lo sé. (Ayer entre dos hermanos, hoy entre un padre y un hijo. ¡Maldito secreto!)
Carlos	Quedaos, ahora.
Rodrigo	No deseo otra cosa.
Prior	Don Juan, obedeced.
Juan	¿Sufriréis, reverendo padre?...
Carlos	Fuerza es sufrir lo que no puede impedirse. Obedeced, don Juan. (Bajo, apretándole la mano.) No perdáis la esperanza.
Juan	Toda la pongo en vuestra reverencia.
Pablo	(Mientras que don Juan sale.) ¡No pudiera venir en peor sazón el padre prior!

Escena XVII

Carlos V, don Rodrigo, Pablo

Carlos	¿Un obstáculo os abate, don Rodrigo? A mí me despierta, me estimula. Paréceme ya ser otro.
Pablo	(¡Cómo se mueve! ¡Cómo anda! ¡Ha olvidado la gota!)
Carlos	Lucharé, triunfaré. Don Rodrigo, no sois el que erais, ¿Tenéis miedo? Quien piensa en el vencimiento está ya medio vencido. (Bajo.) ¿No perdíamos las primeras tres horas la batalla de Pavía? Y con todo... (Con impaciencia.) No tengo más que dos horas. ¡Esta cabeza otro tiempo tan fecunda! (Se sienta.) ¿No podrá inventar ya nada?
Pablo	(Retirando la escala de la ventana.) La comunidad baja a la huerta. Los padres se encaminan a la sala de capítulo para la elección. ¿No ha de asistir vuestra reverencia?
Carlos	¡Silencio! ¡Dejadme en paz con vuestra elección! (Levantándose.) (¡Ah! ¡Por vida mía! Doy en ello. Ese prior manda. ¡Y si pudiese yo mandar a mi vez!) (Alto.) Don Rodrigo, ¿os acordáis de cierta elección que metió algún ruido en el mundo?
Rodrigo	¡Mal pudiera olvidarla, aunque no fuese sino por las cartas que en aquella sazón escribí, sin contar con las posdatas!
Carlos	Eso es precisamente lo que vais a volver a hacer. Presto, acercaos a esta mesa.
Pablo	(Mirando por la ventana.) Se dividen en corrillos. Lo menos tienen aún para media hora de intrigas antes de entrar.

Carlos	(Tomando plumas y papel.) ¿Media hora?
Pablo	Mi tío grita, el padre Timoteo predica como un pico de oro, y el padre prior, para ser reelegido, da su bendición a todo el mundo.
Carlos	Presto, novicio, aquí; con la mejor letra posible...
Pablo	(Una rodilla en tierra, pronto a escribir sobre un misal.) Ya estoy.
Carlos	Y yo... (Buscando donde ponerse, y colocándose por fin en el reclinatorio.) Yo allí. ¡Atención! Empiezo a dictar. A ti, Pablo, para el padre Timoteo. «Mi muy elocuente amigo.» A vos, Rodrigo, para el padre procurador. «Muy reverendo padre.» (Escribiendo él mismo.) «Mi muy caro padre lector.»
Pablo	Ya está. (Mal año, si sé dónde va a parar.)
Carlos	(A Pablo.) «Apruebo la santa ambición que manifestáis de predicar delante de la corte y duéleme haberme de resignar voluntariamente a perder el fruto de vuestras edificantes pláticas.» (A don Rodrigo.) «Varias veces me habéis ofrecido vuestro voto, y los de vuestros amigos si yo creyese perjudicar en lo más mínimo a nuestro buen prior aceptándolos, los tornaría a rehusar, pero...»
Rodrigo	Demasiado de prisa, reverendo padre, demasiado de prisa.
Carlos	(¡Pobre don Rodrigo! está gastado.)

Pablo	«Edificantes pláticas.»
Carlos	(A Pablo continuando la suya.) «Si la comunidad me confiriese hoy, merced a vuestro voto y a los de vuestros parciales, una autoridad que me permitiese disponer de vuestra reverencia para enviarlo a la corte, podríais contar en ella con mi apoyo.»
Pablo	(Escribiendo.) (¿Querrá ser prior?)
Rodrigo	«Tornaría a rehusar, pero...»
Carlos	«Pero algunos votos favorables en el primer escrutinio me serían ocasión de gran contento, sin perjudicar por eso, Dios me libre, a la elección del más digno. Vuestro mejor amigo.» ¿Estáis ya, novicio?
Pablo	Ya espero.
Rodrigo	(Ya está en su elemento. ¡Tres cartas a la vez!)
Carlos	«Privar al rey, padre Timoteo, de un ingenio como el vuestro fuera pecar; quiero más hacer doblemente penitencia pasando toda una cuaresma sin oíros.»
Pablo	¡Esa frase ha de llegarle al alma!
Carlos	Escribe, escribe. (Leyendo la carta que acaba de escribir.) «Mi muy caro y muy reverendo padre lector: voy a ser franco con vos, que sois la franqueza misma. Quiero ser prior. Os pido, pues, vuestro voto y el de los amigos de que disponéis, en nombre del novicio que os ha de entregar estas letras. Vos conocéis a

su padre y yo también. Remolcad, pues, mi galera a buen puerto, o vive Dios que echo a pique la vuestra. Siempre monje, hablaré: prior, os juro secreto. Con esto, caro lector, buen viento, y Dios salve el honor de nuestro pabellón.» (Corriendo hacia Pablo.) Dame que lo firme, y pliega esa carta.

Pablo   ¡Oh! yo os fío que tendréis esos votos; pero si vuestra reverencia hace pasar a su bordo a mi tío con toda su tripulación, el triunfo ha de ser completo.

Carlos (Alegremente.) En el cual habréis tenido, novicio, más parte de la que pensáis.

Pablo   ¡Ah!

Carlos Porque vais a ser mi mensajero para con él.

Pablo   No haga tal vuestra reverencia: ved que no gusta de los novicios.

Carlos No importa: llevadle esas letras.

Pablo   Al punto.

Carlos Y deslizad la que habéis escrito en la manga del padre Timoteo.

Pablo   Entiendo.

Carlos Averiguad de paso dónde está don Juan.

Pablo   (Enseñándole la llave.) Más que eso he de hacer.

Carlos	¡Presto! ¿Pero vais saltando? Hermano Pablo, vuestra misión es grave.
Pablo	(Devotamente, y cruzando los brazos sobre el pecho.) El espíritu del Señor sea con vos, reverendo padre.
Carlos	(Está visto: he de volverle hipócrita. De eso habré de acusarme.)

Escena XVIII

Carlos V, don Rodrigo

Rodrigo	Ved aquí mi carta. (Carlos la firma.) ¿La cierro?
Carlos	Todavía no. «Post scriptum»
Rodrigo	¡Ah!
Carlos	«El cardenal secretario de Estado acaba de poner a mi disposición el capelo vacante en el sacro colegio. He oído encarecer los merecimientos y virtudes de vuestro pariente el obispo de Segorbe. Haced que nos veamos después de la elección.»
Rodrigo	Un post-scriptum como los de aquellos tiempos.
Carlos	¿Me reconocéis, don Rodrigo?
Rodrigo	¿El sobre?
Carlos	No hay para qué. Buscad al padre procurador, y entregadle vos mismo ese pliego.

Rodrigo   (Con inquietud.) Yo, señor...

Carlos   ¿No sabéis que los que os han de prender no han entrado en el monasterio?

Rodrigo   Cierto. Ese era mi pensamiento. Siempre me ha adivinado vuestra reverencia. Obedezco.

Escena XIX

Carlos V   ¡Ánimo, mi antiguo consejero! ¡Alerta, mi buen paje! Ya están en campaña mis estafetas tras un priorato, como en otro tiempo tras un cetro de emperador. ¡Extraño caso! La elección de algunos monjes en un monasterio de Extremadura no me había agitado menos que la de mis electores coronados en la gran dicta de Francfort. Pero devolver la libertad a mi hijo, y devolvérsela por solo el esfuerzo de mi voluntad, esa sería la mejor de mis victorias. (Acercándose a la ventana.) Pablo, Pablo, ¿llegaréis tarde? No, ya está. Detiene al padre Timoteo tirándole de la manga. Este ya es mío. No puedo decir otro tanto de nuestro incorruptible padre procurador. ¿Y el padre Lorenzo? ¿Cederá? Dudo... mi corazón quiere salir del pecho, mi sangre hierve.

Escena XX

Carlos V; Pablo sin aliento

Carlos   ¿Y bien? ¿Habéis visto al padre Timoteo?

Pablo   Leyó vuestras letras, diome un golpecito en la mejilla, y me añadió dulcemente: Soy suyo, enteramente suyo, hijo mío.

Carlos	¿Y vuestro tío?
Pablo	¡Oh! no bien hubo leído se volvió rojo como la lumbre; mirome de través...
Carlos	¿Qué más?
Pablo	Por ese lado nada. Hizo añicos el papel. «He ahí, añadió con voz de trueno, he ahí mi respuesta, instrumento de corrupción.» Y acabando con una blasfemia, reverendo padre, que no osaré repetiros, fuese furioso a escribir su voto.
Carlos	(¿Resistirá? Todo el éxito pende de él.) (A Pablo.) ¿Y don Juan?
Pablo	Al ruido que hacía por evadirse he descubierto su prisión. ¡Cric, crac! la puerta se abre, y echamos a correr los dos; ahí está, en mi celda; pero sin hábito ya, padre, hecho añicos... no le gustan los hábitos.
Carlos	¡Que venga, Pablo, que venga!
Pablo	(Desde el fondo.) ¡Don Juan, don Juan!
Carlos	Por mi parte he usado de todos los medios: amenazas, promesas, toda la gruesa artillería de un día de elección.

Escena XXI

Dichos, don Juan

Juan	¿Será cierto, padre mío? ¿No me ha engañado Pablo? Cuando yo fío en vos mi libertad, ocupa todo vuestro pensamiento la elección de un prior.
Carlos	¿Me culpáis, don Juan? Así juzga el mundo. Pablo, alcanzadme esa espada.
Pablo	(Saltando sobre un sitial.) ¡Jesús! ¡cuán pesada!
Juan	(Desenvainándola.) Para tu mano, niño, mas no para la mía.
Carlos	Creo en efecto, hijo mío, que vuestro brazo sabrá honrarla en el peligro.
Juan	¡Contra un ejército entero!
Carlos	(Cogiéndola.) Esta arma, don Juan, es harto más preciosa de lo que pensáis: es un presente de ese emperador que vino a morir aquí debajo de un hábito que hubiera sin duda destrozado, como vos, a vuestra edad.
Juan	¡De Carlos V! ¿Vos erais su amigo? Murió acaso en vuestros brazos?
Carlos	Húbola por derecho de conquista del rey Francisco I en una jornada bien gloriosa para las armas españolas.
Juan	¡La espada de Francisco I! ¿Y pudierais desprenderos de ella?
Carlos	¿De qué utilidad puede serle a un monje?

Juan   ¡Y en obsequio mío!

Carlos   Con ciertas condiciones que aquí para ante Dios habéis de jurar cumplir. (Presentándole la espada desnuda para recibir su juramento.) ¿juráis no desenvainarla en causa vuestra, sino en legítima defensa; juráis que no se vea desnuda sino por orden de vuestro soberano, y que caerá de vuestras manos a su primera indicación; juráis, en fin, que no se verá teñida jamás sino en la sangre de los enemigos del rey y de la monarquía; juráislo así, don Juan?

Juan   Lo juro.

Carlos   Si así lo cumpliereis, Dios os lo tenga en cuenta. Vuestra es, don Juan; ¡presiento que ha de ganar batallas en vuestras manos!!

Juan   (Con la espada en la mano.) ¡Yo haré verdadera vuestra predicción!!!

Escena XXII

Dichos; don Rodrigo, después el prior

Rodrigo   ¡Una mayoría victoriosa! ¡una elección completa!

Carlos   ¡Alegre nueva, que no pudiera traerme mensajero ninguno más agradable! (Bajo.) ¿Sabéis, don Rodrigo, que aun pudiera yo triunfar en un cónclave?

Rodrigo   (Fuerza era que le ocurriese.) El prior me sigue para daros el parabién, y resignar, mal que le pese, su autoridad en vuestras manos.

Pablo	Me ha cogido mis naranjas, y yo le he cogido sus votos.
Carlos	(A don Rodrigo.) Tened presentes mis últimas instrucciones: no dejéis un punto solo a don Juan; sed su sombra; es servicio que de vos reclama mi antigua amistad.
Rodrigo	¿Podéis dudar de mi lealtad?
Prior	(Entrando.) Huélgome, reverendísimo padre, de ser el primero en daros el parabién: vuestra elección me colma de contento, y desde este punto juro obediencia a mi prior.
Carlos	Sé, padre, cuán sinceras son vuestras felicitaciones, y quiero desde ahora poner a prueba vuestro buen celo y esa misma obediencia de que dais ejemplo. Conducid a don Rodrigo y don Juan.
Prior	(Sorprendido.) ¡Este mozo aquí!
Carlos	Conducidlos vos mismo fuera de las tapias del monasterio.
Prior	¡Yo mismo! Vuestra reverencia... las órdenes del rey...
Carlos	(Severamente.) Reverendo padre, yo mando aquí. (El prior se inclina.)
Juan	¡Qué injusto fui!
Pablo	¡El padrecito es más que hombre!

Rodrigo	(Bajo a Carlos.) ¿Sois prior, señor?
Carlos	(Bajo a Rodrigo.) Todo se reduce a una abdicación más o menos.
Rodrigo	(Está poseído del espíritu de la abdicación.)
Prior	(A don Juan y don Rodrigo.) Seguidme. (Don Juan se arroja en brazos de Carlos V; don Rodrigo le besa la mano y sale.)

Escena XXIII

Carlos V, vueltos los ojos hacia la puerta por donde acaba de salir don Juan; Pablo.

Carlos	Anda, mancebo generoso; así de lejos, como de cerca, siempre velaré sobre ti. Viniendo hacia la orquesta.) He salido de mi empresa con honor. Ahora abdiquemos segunda vez.
Pablo	(Juntando las manos en ademán de súplica.) Reverendísimo padre, ¿vuestra reverencia no se acordará más de mi llave ni de mi escala de cuerdas?
Carlos	Hasta mañana a la noche no.
Pablo	(¡Mal año para mí si me encuentra aquí mañana!)
Carlos	(Dejándose caer en un sillón.) No puedo más de cansancio. ¡Pero este es el primer día que he pasado en esta casa sin consultar mis relojes!!!

Acto IV

En casa de doña Florinda. Decoración del segundo acto. Una mesa en que arden dos bujías

Escena I

Doña Florinda, sentada, apoyada la cabeza en la mano; Dorotea, mirándola al entrar

Dorotea	Duéleme verla. Si esos inquisidores fuesen hombres, tendrían lástima de ella, pero son tigres.
Florinda	Don Juan lo ignora. Eso será menos desdichado. (A Dorotea.) ¿Y mis letras?
Dorotea	Partieron: el mensajero galopa a rienda suelta camino de Yuste.
Florinda	¿Llegará?
Dorotea	¿Porqué no?
Florinda	¿Sabemos por ventura el nombre que tomó en ese retiro?
Dorotea	Pero el sobre lleva el suyo. ¿Quién no conoce a Carlos V?
Florinda	Cedí a tus ruegos, Dorotea; creíste que, movido de su antigua afición al padre, había de interesarse en la suerte de la hija ¡huérfana y perseguida..! Quiero dejarte tus esperanzas.

Dorotea	A no tenerlas, ¿cuál fuera mi consuelo? ¿Quién pudiera desarmar a ese tribunal terrible, que os citó?
Florinda	Sosiégate, Dorotea. Tengo un protector que quiere conducirme él propio a los pies de mis jueces, y asistirme con su favor.
Dorotea	Sí; ese personaje misterioso que se presentó aquí de parte de Su Majestad y del conde de Santa Fiore, y que solo a vos quiso descubrirse...
Florinda	Cuando bajaste, aun no había venido.
Dorotea	Yo di orden de que le introdujesen en llegando; mas ningún rumor se oye en la calle. ¿Quién se creería en Toledo? ¡Qué pesada calma! Ni un soplo de viento que refresque el ambiente.
Florinda	Dices bien. Abre, Dorotea, las celosías.
Dorotea	¿Las de la calle?
Florinda	No; las del jardín. ¿No te acontece a veces, Dorotea, que un rumor vago, un soplo de viento despierte en ti recuerdos, impresiones pasadas de placer o de pena?
Dorotea	Va que acierto en quién pensáis...
Florinda	¡Grande esfuerzo por cierto! Nunca pienso sino en él; mas ya jamás le veré.
Dorotea	¿Por qué? ¿No prometió ese cortesano en quien fiáis devolveros a mis brazos?

Florinda   ¡Silencio! ¡Él es! ¡Valor, corazón!

Dorotea   ¿Tembláis?

Florinda   ¡Oh! no. Estoy tranquila.

Dorotea   Mis recelos se despiertan.

Escena II

Doña Florinda, Dorotea, Don Pedro Gómez

Gómez   Llego, señora, a punto.

Florinda   Yo hubiera dicho, señor don Pedro, que os hicisteis esperar.

Gómez   Nada temáis. El protector poderoso que os nombré no os ha de abandonar.

Dorotea   ¿No he de poder acompañarla?

Gómez   No ignoráis la severidad del tribunal.

Dorotea   ¡Oh! ¿Pero me la devolveréis, no es verdad, como lo prometisteis?

Gómez   Y presto. Os lo torno a prometer.

Florinda   El manto, Dorotea.

Dorotea   (Poniéndole el manto.) ¡Quién pudiera seguiros!

Gómez	(La jactancia de tal conquista no ha de poder nada con ella, pero el temor...)
Florinda	(Despidiéndose.) ¡Dorotea!!!
Dorotea	(Acompañándole, le besa las manos.) ¡Hija mía!!!

Escena III

Dorotea, después Don Juan

Dorotea	¡Oh! ahora al menos puedo maldecirlos a ellos y a su raza sanguinaria, y maldecir sus leyes, su tribunal, sus verdugos. ¿Qué hicimos para que nos tratasen de esa suerte? ¿Es esa, sectarios del Cristo, vuestra santa, vuestra dulce religión? Horas tengo en que quisiera tenerlos a todos en mi mano. No sería más que una justa venganza. ¿Quién pudiera ser generosa con ellos? Con ninguno. ¿No son todos igualmente sanguinarios? ¡Ah! cristianos...
Juan	(Saltando por la ventana del jardín.) Menos uno, supongo.
Dorotea	(Dando un grito.) ¿Sois vos, señor don Juan? Habeisme asustado. ¿Vos aquí, y de esa suerte?
Juan	De la única que pudiera venir sin riesgo de encontrar inoportunos. Por la tapia del jardín: felizmente no es elevada.
Dorotea	¡Dios de Israel!

Juan	Y acompañado, Dorotea. (Llegándose a la ventana para ayudar a don Rodrigo.) Venid, don Rodrigo os dije que la entrada era fácil aún para vuestros años.

Escena IV

Dichos, Don Rodrigo

Dorotea	¿Cómo anunciarle esta nueva?
Rodrigo	(Acabando de saltar la ventana.) ¿Dónde me traéis, don Juan?
Juan	A puerto de salvación. ¿Y bien, Dorotea? ¿Con que volveré a verla? ¿Qué hace doña Florinda? ¿Dónde está?
Rodrigo	¡En la posada de doña Florinda!
Juan	¿No vais, Dorotea? ¿No le anunciáis...?
Dorotea	(Saliendo de su indecisión.) Sí, la diré... Esperad aquí un momento. (Ganemos tiempo al menos.)

Escena V

Don Juan, Don Rodrigo

Rodrigo	¿Para conducirme a esta casa a vos negasteis, don Juan, a seguirme al palacio del duque de Medina? ¿Por qué habré yo prometido no dejaros solo un punto?¡En casa de doña Florinda!
Juan	¿Pudiera yo llevaros a otra parte?

Rodrigo	¡A una casa adonde os plugo traer al conde de Santa Fiore, y acechada tal vez por sus parciales, a una casa, en fin, donde podéis encontrarle a él mismo!
Juan	¡Pluguiese al cielo!
Rodrigo	Dios os libre, don Juan. No lo deseéis. ¿Sabéis mozo imprudente, lo que arriesgáis, sabéis el porvenir que aventuráis, sabéis quién sois siquiera...?
Juan	¿Quién soy, en fin, don Rodrigo, quién?
Rodrigo	Un loco, don Juan.
Juan	Don Rodrigo, sosegaos. (¿Qué hace doña Florinda?) No tuvierais más miedo si el santo oficio se hubiese entrometido en nuestros negocios.
Rodrigo	Es la sola desdicha que nos falta; y no la mentéis, si no queréis...
Juan	¡Oh! Esto es demasiado. ¡Dorotea! (Llegando a la puerta.) ¡Ardo en impaciencia! ¡Dorotea! ¿Vuelves sola?

Escena VI

Dichos, Dorotea

Dorotea	¡Ah! señor don Juan...
Juan	¿Qué veo? ¿Volvéis el rostro? ¿Lloráis, Dorotea? ¿Qué pasó en mi ausencia? ¿Qué me encubrís? doña Florinda...

Dorotea	Salió...
Juan	Adelante.
Dorotea	Citada por el tribunal...
Juan	¿Cuál?
Dorotea	¡El santo oficio!
Juan	¡El santo oficio! ¡Y judía!
Rodrigo	¿Qué decís?
Juan	(Desesperado.) ¡Perdida sin remedio!
Rodrigo	No es eso lo que os pregunto. ¿Hablasteis de una judía? ¡Doña Florinda es judía!
Juan	¿Yo dije eso? Y bien, don Rodrigo, pues lo dije... es cierto.
Rodrigo	Lo hubiera jurado. Don Juan, no hay seguridad aquí ya para nosotros.
Juan	¡Don Rodrigo!
Rodrigo	¿Sabéis que la Inquisición no castiga solo a los judaizantes, sino también a sus encubridores? ¿Me entendéis don Juan?
Juan	Sí, os entiendo: a sus encubridores. ¿Y qué me importa? ¿Qué hemos de hacer ya?

Rodrigo	¿Qué hemos de hacer, decís? Huir, don Juan.
Juan	¿Salir de aquí?
Rodrigo	Y de Castilla. ¡En vísperas de un auto de fe! Vamos don Juan.
Juan	(Asiéndole de un brazo.) Vamos en buen hora, si, pero a la Inquisición.
Rodrigo	(Desasiéndose.) ¡A la Inquisición!
Dorotea	Don Juan, teneos. Discreción, cautela. Uno de los personajes más importantes del santo oficio ampara a doña Florinda; él la acompaña, y él ha de volver a conducirla a casa.
Juan	¿Esta noche misma?
Dorotea	Y presto. Así lo prometió.
Juan	¿Qué no hablabais?
Rodrigo	¡Oh! no han de hallarnos aquí.
Juan	Ni yo he de moverme, aunque me cueste la vida.
Rodrigo	¿Queréis volverme loco, ingrato don Juan? Yo hice cuanto fue humanamente posible para cumplir mi promesa; pero os burlasteis de los consejos de un anciano, y éste quiso más bien acompañaros en vuestras locuras que tener razón abandonándoos a vuestra mala cabeza. Ahora os amaga un riesgo inminente,

	y queréis también que os acompañe en él, pudiendo fácilmente evitarle...
Juan	¡Oh! una idea, pero una idea que todo lo concilia, el tierno afecto que me profesáis, la palabra que tenéis empeñada, y vuestra propia seguridad...
Rodrigo	Hablad presto.
Juan	En cuanto doña Florinda se vea sola, me dejo ver, y huyo con ella sin esperar segunda cita del tribunal.
Dorotea	¡Oh, sí, salvadla, señor!
Juan	Andad, pues; procuradnos caballos y volved por nosotros. Volved, y desde este punto fiamos nuestra suerte en vuestras manos. Es el último esfuerzo que de vos exijo.
Rodrigo	Y la última concesión que os hago. Convenido pues. Volveré, y desde el pie de la ventana os haré señas.
Juan	Sí.
Rodrigo	Tres palmadas.
Juan	Tres palmadas.
Rodrigo	Si puedo entrar en la casa sin riesgo, me contestáis. De otra suerte...
Juan	No contestaré.
Dorotea	(A Dorotea.) Guiadme ahora, y con cautela.

Dorotea	Nada temáis. (Salen.)

Escena VII

Don Juan. Se sienta.

Don Juan	Meditemos. ¿Qué debo hacer? ¿Esperarla? Y si no volviese... ¡Oh! si no volviese, iría a buscarla al fondo de esa cueva que llaman santo oficio. ¡Sí, insensato, al santo oficio! Perderla mil vidas antes de abrirme paso...! Doña Florinda, doña Florinda! ¿os perdí por ventura para siempre?

Escena VIII

Don Juan, Dorotea

Dorotea	(Acude presurosa.) ¡Vedla aquí, señor don Juan! La he visto: ya está de vuelta.
Juan	Corro a su encuentro.
Dorotea	No hagáis tal: no viene sola. La acompaña el mismo de quien os hablé. ¿Queréis perderla?
Juan	Antes perder cien vidas. Mas primero decid, ¿quién es?...
Dorotea	¿Dudáis de mi señora? ¡Ingrato don Juan!
Juan	¡Decís bien! mi pasión me turba. ¡Ella engañarme!
Dorotea	Guardaos, pues, de descubriros. Venid.

Juan	Donde queráis.
Dorotea	(Abriendo una puerta lateral.) Al paraje más apartado de la casa, a mi aposento, y solo para salir de él en tiempo oportuno.
Juan	¡De vuelta ya! ¡Y yo aquí para defenderla! ¡Ah! respiro, Dorotea. Te obedezco. (Salen.)

Escena IX

Doña Florinda, Don Pedro Gómez

Florinda	¡Oh! gracias, don Pedro, gracias. Habéis cumplido vuestra palabra, mas perdonad... (Dejándose caer en un sitial.) No puedo tenerme en pie.
Gómez	El interrogatorio os dejó al parecer una impresión harto penosa.
Dorotea	Dolorosa, don Pedro, como un horrible ensueño que no pudiese desechar. Aquella sala enlutada, aquellas opacas luces que hacían más espantosa la oscuridad, aquellos jueces velados, cuyos ojos se fijan en vuestra frente con una inmovilidad que hiela el pensamiento... ¡Oh! ¿no puede la justicia de los hombres aparecernos sino revestida de esas formas terribles?
Gómez	No, cuando ha de vengar a Dios. Pero espero que vuestros jueces se han de humanar en favor vuestro.
Florinda	No tenéis certeza...

Gómez	Bien quisiera, señora.
Florinda	Pero, ¿qué saben de mí, qué me quieren?... ¿Está escrito que habré de presentarme de nuevo en su presencia?
Gómez	Lo ignoro, mas es posible.
Florinda	Querrán someterme a esa prueba de dolor, cuyos instrumentos esparcidos en derredor mío ofuscaban ya mi débil razón.
Gómez	Cuéstame el creerlo, pero...
Florinda	(Levantándose.) ¡Pero es también posible! ¡Ah! no lo consentiréis. Tendréis compasión de mí. No ha de faltarme esfuerzo para morir. ¡Soy tan desdichada! Pero a la vista de tan espantosos dolores, siento en mí toda la flaqueza de una mujer. El dolor me espanta. ¿Qué hacer, don Pedro, para evitarle? Desde ahora me someto a cuanto exijan. Cuanto quieran que diga, otro tanto diré, para morir más pronto, sí, ¡pero una sola vez! ¡Oh, sí, cuanto quieran diré!
Gómez	(Ya está en el punto en que anhelaba verla.) Solo una persona pudiera intervenir entre vos y vuestros jueces: os lo repito, una sola: el rey.
Florinda	¿Y lo hará?
Gómez	¿Podéis dudarlo, cuando se digna venir él mismo a seros fiador de ello?
Florinda	¡Oh, que venga, don Pedro, que venga!

Gómez	Como os dije, señora, yo contaba hallarle aquí: dentro de poco le veréis llegar: encubridle todo género de resentimiento. Tened presente que la Inquisición intimida hasta a los reyes, que un paso dado con ese tribunal es arriesgado aún para Su Majestad, y que merece algún agradecimiento.
Florinda	¡Ah! ¿Qué puede prometerse del mío?
Gómez	El rey don Felipe no puede tardar; vais, señora, a verle: vuestra suerte está en sus manos. Quedaos, señora, quedaos.
Florinda	(Dejándose caer en el sitial.) Mis bendiciones al menos os acompañan.
Gómez	(Al salir.) (Prometa ahora el rey y el amante va a ser dichoso.)

Escena X

Florinda	¡Qué no puede el terror! ¡don Juan! ¡mi vida! Yo llamo a su propio enemigo: ¡al rey! Muy desdichada o muy débil debo de ser, pues que deseo volverlo a ver; lo anhelo con todo; de ello me sonrojo, pero no me es posible vencerme. ¡Dios mío, traedle presto para tranquilizarme sobre los riesgos que me amenazan!

Escena XI

Doña Florinda, Dorotea

Dorotea	(Corriendo hacia ella.) ¡Os vuelvo a estrechar en mis brazos!
Florinda	¡Dorotea!
Dorotea	¿Tembláis?
Florinda	¡Ah! no aumentes con la tuya mi conmoción: es fuerza sosegarme. Espero a alguien.
Dorotea	Y yo os anuncio una persona a quien no esperabais.
Florinda	¿Qué quieres decir?
Dorotea	¡Él, él!
Florinda	¡Don Juan!
Dorotea	El mismo, que acaba de llegar.
Florinda	¡Don Juan libre, don Juan aquí!
Dorotea	Oculto en mi cuarto, me envía a acechar si estáis sola; decid una palabra, y le tenéis a vuestros pies.
Florinda	Al punto, Dorotea, corre, vuela. (Deteniéndola.) ¿No oíste?
Dorotea	¡No! nada.
Florinda	¡Espera! El gozo me hace olvidar... dile a don Juan que parta, ¡que huya!
Dorotea	Con vos, esta noche misma. Solo, jamás.

Florinda	¿Qué haré, Dios mío? Ha de encontrarlo
Dorotea	¿A quién?
Florinda	Al conde, que no puede tardar, que sube tal vez ahora, mientras que te estoy hablando... ¡Dios mío! ¡Si volviesen a encontrarse uno en frente de otro!
Dorotea	¡Oh! ¡don Juan le mataría!
Florinda	¡Le mataría! Pero ignoras... ¡Sería el crimen más espantoso...!! ¡Y yo pude solicitar su presencia! Escucha, Dorotea. Don Juan está en tu habitación; ¡es fuerza tenerle en ella! Mas sin hablarle del conde.
Dorotea	¿Consentirá?
Florinda	¡Oh! dile que se lo ruego, que lo exijo; que va en ello su vida... no... la mía, ¡y lo hará!
Dorotea	¿No hay riesgo para vos en quedaros sola?
Florinda	Ninguno, Dorotea. No ha un momento temblaba todavía; pero he vuelto a mi ser; ya no pienso sino en él, no temo sino por él; a todo me expondría por salvarle. ¿Ignoras, Dorotea, que el amor es el valor de las mujeres?
Dorotea	Pero don Juan no tomará consejo sino de su espada si llega a sospechar que os negáis a verle para recibir a su enemigo.
Florinda	Tu aposento está distante. No podrá oírnos.

Dorotea	¡Ah, señora, si hubieseis podido hablarle!
Florinda	Dices bien: todavía puedo; ven; voy contigo; voy delante de ti; al menos le habré vuelto a ver. (Deteniéndose de repente.) Esta vez no me engañé.
Dorotea	Alguien sube. Ya llegan.
Florinda	¡El conde! Ya es tarde. Dorotea, sálvanos a entrambos. Corre, Vuela. ¡He de cerrar esta puerta! (Echando la llave.) Todos los obstáculos son pocos entre el conde y don Juan. (Adelantándose hacia el medio de la Escena.) Disimulemos.

Escena XII

Doña Florinda, Felipe II

Felipe	(En el fondo.) (El miedo que me la entrega la hace más hermosa. O esta noche o jamás.)
Florinda	(¿Cómo abreviar esta entrevista?)
Felipe	Me habéis de disculpar, señora, si vengo a turbar vuestra meditación.
Florinda	Tan melancólica era, señor, que aun he de estaros agradecida.
Felipe	Esta vez, pues, mi presencia no os es molesta.
Florinda	¿Pudiera serlo, señor, cuando venís a ampararme? Venero, bendigo vuestra justicia.

Felipe	De buena gana aceptaría la lisonja si un afecto, más dulce que la necesidad de ser justo, no me trajese a vuestra presencia.
Florinda	¡La compasión!
Felipe	Sí, una compasión acompañada de recelos mil; el afecto de un amigo que desconocisteis cuando le pudisteis creer insensible.
Florinda	Vuestras palabras me vuelven la esperanza; si así me las hubieran referido, hubieran bastado a calmar mis recelos, y os hubieran ahorrado, señor, una entrevista en que abuso tal vez...
Felipe	Al privarme del placer de tranquilizaros yo mismo, no me le envidiéis, bella Florinda.
Florinda	(¡Se queda!)
Felipe	Me es tan dulce consagraros estos instantes que robo a mis afanes...
Florinda	Y a vuestro descanso tal vez... Sé cuán preciosos son; no temáis, señor, que abuse de ellos.
Felipe	(Adelantando un sitial para doña Florinda.) Desechad, señora, ese temor.
Florinda	(Sentándose.) ¡Es forzoso!
Felipe	(¿La habré por ventura tranquilizado demasiado pronto?) Han debido deciros, señora, que la voluntad

	soberana puede estrellarse en una sentencia del santo oficio. Este tribunal representa a Dios mismo, ¿y delante de Dios qué son los reyes de la tierra? He resuelto, con todo, cualquiera que sea el riesgo, interponerme entre vos y vuestros jueces; ¿y en galardón de ese servicio qué debo de esperar?¡Odio tal vez!
Florinda	(Levantándose.) ¿Odio yo cuando me salváis? Eso fuera, señor, ingratitud de que...
Felipe	De que sois incapaz, hermosa Florinda. Os creo. (Convidándola a sentarse.) Por piedad.
Florinda	(Sentándose en tanto que el rey va a tomar otro sitial.) (¡Qué tormento!)
Felipe	(Apoyado en el respaldo de su sitial.) No seréis ingrata; pero permanecéis indiferente. (Sentándose.) La estrella de un rey es no granjear sino respeto cuando no inspira aborrecimiento u envidia; y con todo, sensible a todo género de afecto que se le rehúsa, abrasado, sin esperanza, de encontradas pasiones, ¡cuán dolorosamente siente un rey la necesidad de ser amado!
Florinda	Lo sois, señor, de un pueblo entero que os venera, que os admira, y que en vos ve el manantial de todo bien.
Felipe	Sí, lo soy por interés; soy querido con aquel amor con que se ama al poder, no al hombre, sino al soberano. ¿Qué a mí, señora, esos homenajes, esas aclamaciones cansadas? ¡Con cuánto gozo las trocaría por la dicha de estrechar en mis manos una mano amiga; por un suspiro de la querida que me he creado en mi fantasía,

	que veo en mis sueños, cuya imagen persigue en fin al monarca en medio de sus afanes, y al cristiano hasta en el fervor de sus oraciones!
Florinda	Esa querida, señor, Dios y la Francia os la envían; una joven esposa os espera, aclamada por sus virtudes, y hermosa entre todas las princesas.
Felipe	Mas no entre todas las mujeres. ¿Hay lugar para ella en este corazón que otra imagen acertó antes a llenar y a poseer? No lo creáis, bella Florinda; esa boda política es una triste viudez con todos los recelos y las trabas todas del matrimonio. (Acercando su sitial al de Florinda.) ¡Oh, cuánto más reina que esa reina adornada de un título vano sería una esposa por mí secretamente preferida, de amor toda escogida por mí, y adorada en las tinieblas del misterio! A sus plantas depondría mi cetro; ella ejercería en mi nombre ese derecho de hacer gracia, el más hermoso de los derechos de un rey; sus manos no serían sino un canal por donde pasasen mis tesoros a las de los desdichados. Y ese inmenso poder de consolar el infortunio, esa diadema real encubierta en el misterio, pero más absoluta que la mía, solo una mujer la merece, una sola en el mundo, y esa mujer sois vos, bella Florinda.
Florinda	(Levantándose.) ¡Yo! ¡Cielos! ¿Quién? ¿Yo?
Felipe	Vos, señora, a quien de rodillas la ofrezco, a quien temblando pido esa compasión misma que yo no supe negaros.
Florinda	Pero que intentáis venderme al precio de mi honor... ¡Oh! no, no tuvisteis semejante idea. Yo me engañé, yo

	ultrajé Vuestra Majestad. Perdón, señor, perdón para mi error.
Felipe	No finjáis, bella Florinda, no apeláis a virtudes de que Dios me hace libre desde el punto que me las hace impracticables. Lo he resuelto: crimen o no, de bueno o de mal grado, Florinda, seréis mía.
Florinda	¡Y yo propia me entregué! ¿Y estoy sola?
Felipe	Sola, y nadie os venderá; pero nadie tampoco es poderoso a salvaros.
Florinda	Mi desesperación y mis gritos.
Felipe	Vuestros gritos no serán oídos.
Florinda	Os engañáis, señor; vendrán; os juro que vendrán.
Felipe	¿Quién, pues?
Florinda	Nadie. ¡Oh! decís bien, nadie. Estoy sola, sin amparo, sin defensa; o más bien una sola me queda, y esa sois vos; vos, a quien fío ese honor que veníais a robarme. Vos, señor, que seréis mi defensor contra vos mismo. (Llegándose a él con exaltación.) Don Felipe, la acción que intentáis es horrible, (Cayendo de rodillas), ¡y de ella pido justicia al rey de España!
Felipe	(Contemplándola con entusiasmo.) ¡Hermosa de orgullo y de terror! Ese es, Florinda, el único de tus deseos a que no daré cumplimiento. El rey de España ha de ser hoy tu señor, y don Felipe tu esclavo toda su vida.

Florinda	(Levantándose y despidiéndole de sí al rey.) Escuchadme, hombre cruel, cristiano sin compasión; no diré más que una palabra, pues que me obligáis...
Felipe	No cambiará tu suerte.
Florinda	Una sola palabra que ha de perderme, pero que os ha de hacer retroceder de espanto.
Felipe	(Arrojándose hacia ella.) Ya habéis resistido demasiado.
Florinda	(Huyendo.) Piedad, señor, piedad, o la pronunciaré. Soy, señor...
Felipe	(Cogiéndola en sus brazos.) ¿Qué me importa?
Florinda	¡Soy judía!
Felipe	(Retrocediendo horrorizado.) ¡Tú! ¿Qué escucho? ¡Desdichada! ¡Plegue al cielo, para tu salvación en este mundo y en el otro, que la virtud te haya inspirado una mentira!
Florinda	Sí, una mentira pesa sobre mi conciencia, mentira que por necesidad me humilló hasta fingir una creencia aparente; ese es mi crimen, y espero mi castigo. Pero si dais un paso hacia mí, repetiré al pie del tribunal, diré a voces ante mis jueces que un castellano fue bastante vil para intentar triunfar de la inocencia con la fuerza; que un caballero ha ultrajado a una mujer, que el rey más santo de la cristiandad, que tú, don Felipe, tú, rey católico, te has manchado con una pasión infame por

	una judía. (Con calma.) ¡Y bien! señor, ahora os detenéis. Yo estoy tranquila ahora, y vos sois quien tiembla.
Felipe	Por ti, infeliz. ¿Sabes por ventura que si, para eterna vergüenza mía, hubiesen llegado tus palabras a otros oídos, sabes que no habría esperanza ya para ti en esta vida?
Florinda	Pero saldría pura de ella.
Felipe	¿Qué todo mi poder no sería bastante para salvarte del tormento y de las llamas?
Florinda	Pero volaría mártir el seno de ese Dios, que así es mi Dios como el vuestro, y que ha de juzgar a mis jueces; pero muriera digna todavía de aquél que tanto me amó.
Felipe	¡Oh! ¿Por qué, por qué renovaste ese recuerdo que ahoga en mi toda compasión? Es tu sentencia, Florinda, y tu sentencia de muerte. (Oyendo golpes repetidos en la puerta del corredor inmediato.) ¿Qué rumor es ese?
Florinda	(En el mayor espanto.) ¿Cuál? nada; no oigo nada. No sé... Dorotea tal vez.
Juan	(Desde adentro.) Abridme esa puerta, o he de hacerla pedazos.
Felipe	¡Un hombre aquí!
Florinda	(Se arroja hacia la puerta, y quiere detener al rey.) Os lo ruego, señor... ¡Ah! Por lo que más amáis en este mundo.

Felipe	(Desviándola para abrir la puerta.) ¡Un testigo de mi afrenta! He de saber quién es.

Escena XIII

Don Juan, Felipe II, Doña Florinda.

Felipe	¡Don Juan!
Juan	¡El conde!
Felipe	¿Me habéis oído?
Juan	Demasiado tarde. Sino ya estuvieras castigado.
Florinda	(Precipitándose entre los dos.) Ni tenéis ese derecho, ni pudierais, don Juan; no conocéis al que afrentáis.
Juan	Le conozco por sus hechos; darame razón de ellos.
Felipe	Y yo os juzgaré por los vuestros, y de ellos habréis de responderme.
Florinda	(A don Juan.) Le debéis respeto; respeto, sí, ia la sangre más noble de Castilla!
Juan	Ni es noble ni castellano quien teme a un hombre y amenaza a una mujer.
Felipe	Compadezco a la mujer; en cuanto al hombre, le veo de bastante altura para despreciar sus injurias.
Juan	Merced al miedo que tenéis de vengaros de ellas.

Felipe	Si os queda un resto de razón, don Juan, ni una palabra más. Salid.
Juan	Si os queda una gota de sangre en el corazón, venid conmigo o defendeos.
Florinda	¡Aquí!... ¡a mi vista! no os atreveréis. (Asiéndole.) No podréis...
Felipe	Por última vez, obedeced.
Juan	Por última vez también, defiéndete. Cruza tu espada... o... (Haciendo demostración de pegarle de llano con la suya.)
Florinda	(Dando un grito.) ¡Es el rey!
Juan	(Dejando caer la espada.) ¡El rey!
Florinda	(Una rodilla en tierra.) ¡Perdón, señor, perdón! No para mí; ya estoy condenada; pero para él, cuyo único delito fue amarme sin saber quién fueseis y defenderme sin conoceros.
Felipe	(A Florinda.) Me habéis vendido.
Florinda	¡Por salvaros, señor!
Felipe	O más bien a él, ¿Quién os dice que no tengo yo medios para protegerme a mí mismo contra un loco a quien despreciaba demasiado para nombrarme? (Llamando.) ¡Don Pedro!

Escena XIV

Dichos, Don Pedro Gómez, un oficial, guardias del rey

Felipe	(A Gómez.) Ese mozo demente al alcázar. (Indicando el aposento de doña Florinda.) Esta mujer aquí. Decidiré de la suerte de los dos.
Florinda	¿Por qué, don Juan, no me dejasteis morir sola? (Éntrase a su aposento.)
Juan	¡No pude vengar ni su honor ni el mío! ¡Oh juramento mío!
Felipe	(A los guardias.) ¡Retiraos!

Escena XV

Felipe II, Don Pedro Gómez.

Felipe	(Los ojos clavados sobre el arma que dejó caer don Juan.) ¡Osó levantar contra mí esa espada!... ¿Mas qué veo? Reparad, don Pedro. No me engañan mis ojos. Mis órdenes llegaron tarde para impedir que viese a Carlos V.
Gómez	Don Rodrigo sin duda lo dispuso todo.
Felipe	¡Traidor! Si vuelve a caer en mis manos, don Pedro... (Suenan tres palmadas.) Escuchad.
Gómez	Es seña.

Felipe	Seña que nos entrega un cómplice. Corred, don Pedro, y ¡ay de cuantos me han ofendido!

Acto V

La cámara del rey en el alcázar de Toledo. Una puerta lateral; otra grande en el fondo, que da a una galería: un crucifijo pendente, en fondo negro

Escena I

Felipe II, sentado junto a una mesa; Don Pedro, que trabaja con el rey.

Felipe	¿Tenéis la lista de los condenados que me ha sido entregada por el inquisidor general?
Gómez	Aquí está.
Felipe	(Recorriéndola.) Judíos, siempre judíos. Auméntese el rigor; los exterminaré: aunque hubiera de convertir la España en un yermo, habrán de desaparecer dejando sus tesoros para enriquecer el culto, y su sangre para avivar la fe expirante. Todo por la fe y solo por la fe.
Gómez	¿Quién pudiera dudarlo, señor?
Felipe	No creáis, don Pedro, que sea espíritu de venganza: no imaginéis que pienso en ella.
Gómez	Lejos de mí tal idea.
Felipe	Con todo, si, como decís, no perteneciese a esa abominable raza... Don Rodrigo debe de saberlo. Él sin duda la conoce.
Gómez	Ya di orden de que fuese conducido a la presencia de Vuestra Majestad.

Felipe	¡Si al menos abjurase sus errores con convicción sincera!
Gómez	Una, señor, existe que le ha de impedir abjurar las demás: su amor.
Felipe	Don Pedro, ¿queréis obligarme a dar muerte a ese mozo?
Gómez	¿Yo, señor?
Felipe	Y decís bien; y sois mi amigo en aconsejármelo. Demasiado lo deseo yo ya; pero no puedo cerrar los oídos a la voz de la naturaleza que resuena en mi corazón; hay un respeto humano que me detiene. Si mi padre se lo ha dicho todo, es claro indicio de que lo toma bajo su protección.
Gómez	Hasta la presente nada lo prueba.
Felipe	Su digno preceptor, a quien voy a interrogar, ha de aclarar mis dudas en este punto. Quien una vez me engañó, puede engañarme de nuevo. (Dando un golpe sobre la lista.) Pero por esta vez yo sabré hacerle forzosa la verdad.
Gómez	Siempre tuvisteis el miedo por uno de los mejores arbitrios para mover a los hombres.
Felipe	El mejor, don Pedro. Las dignidades se envilecen prodigadas, el oro se agota; el miedo empero no se agota, y. no cuesta nada.
Gómez	Aquí llega don Rodrigo.

Escena II

Dichos, Don Rodrigo, conducido por un ugier, que se retira

Felipe	Estoy sereno. Ni hay enojo en mí ya, ni rencor. Puedo ser justo. ¿No esperáis por cierto vuestro perdón?
Rodrigo	No lo merezco, señor; pero la clemencia de Vuestra Majestad es tan grande que lo espero.
Felipe	Os las habréis con el rey, o con el santo oficio: lo único que de vos exijo es que elijáis vuestros jueces.
Rodrigo	Señor, ya elegí, y estoy en presencia de mi juez.
Felipe	Pero en tanto solamente os dejaré esa libertad en cuanto me satisfagan vuestras respuestas. Todo pende de vuestra sinceridad.
Rodrigo	Será completa; porque si bien la verdad puede perjudicarme, sé que la mentira ha de perderme.
Un ujier de palacio	(Anunciando.) Un expreso de su eminencia el inquisidor general.
Rodrigo	(¡Quisiera estar a mil leguas de aquí!)
Felipe	Salid a recibirle, don Pedro, y volved presto.

Escena III

Felipe II, Don Rodrigo

Felipe	He aquí la lista de los que han de morir mañana en el auto de fe que ha de celebrarse para castigo de los crímenes de algunos, y remisión de los pecados de todos. Esta lista no está tan llena que no pueda hallarse espacio para algún otro. Aquí queda sobre esta mesa; pero a la primera palabra dudosa que salga de vuestros labios, le añado un nombre. Ahora responded. ¿Conocéis a doña Florinda?
Rodrigo	Como Vuestra Majestad.
Felipe	¿No más?
Rodrigo	Acaso menos.
Felipe	¿Qué queréis decir?
Rodrigo	Lo que digo, señor, no más.
Felipe	¿Desde cuándo la conocéis?
Rodrigo	Desde el día en que Vuestra Majestad me dio cita en su casa.
Felipe	(Extendiendo la mano hacia la lista.) ¡Don Rodrigo!
Rodrigo	Tened, señor. Vuestra Majestad me condena por ser sincero. ¿Qué haría si no lo fuese?
Felipe	En menosprecio de mis órdenes llevasteis a don Juan al monasterio de Yuste. ¿Podéis negarlo?
Rodrigo	No puedo.

Felipe	¿Para que viese en él a mi padre?
Rodrigo	Y al suyo.
Felipe	(Poniendo la mano sobre la lista.) ¡Don Rodrigo!
Rodrigo	Apelo a Vuestra Majestad, señor. ¿Es cierto o no?
Felipe	¿Y lo vio? ¿Y lo sabe todo?
Rodrigo	No, señor.
Felipe	¿No? Mirad que habéis dicho no.
Rodrigo	Repito, señor, que Carlos V no ha dejado un punto de ser para él un monje del monasterio.
Felipe	(Señalando la espada que está sobre la mesa.) Esa espada prueba lo contrario. Y el monje del monasterio probó por lo menos, al fiársela, que no insiste en los convenios ajustados entre nosotros acerca de ese mancebo.
Rodrigo	Convengo en que sería singular presente si destinase todavía a don Juan a la Iglesia, pero afirmo que el Emperador mi amo...
Felipe	Que fue vuestro amo.
Rodrigo	Que el emperador Carlos V no le ha reconocido por hijo suyo.
Felipe	¿Estáis cierto de eso?

Rodrigo	Tan cierto como lo estoy poco de vivir mañana.
Felipe	(Con violencia, echando mano de la lista.) ¡Don Rodrigo!
Rodrigo	Señor, el ruido solamente de ese papel en las manos de Vuestra Majestad bastaría para turbar cabezas mejores que la mía. Este tormento no le va en zaga a ninguno. Pero cuanto afirmo es verdad.
Felipe	(Levantándose.) ¿Se interesa, pues, por ese hijo más de lo que yo pensaba?
Rodrigo	(Con viveza.) No quise decir eso.
Felipe	Pero ese interés, ese cariño, aunque lo fuese, se desvanecería por sí mismo a la consideración de un crimen de lesa Majestad, crimen que don Juan ha cometido, y por el cual debe morir.
Rodrigo	(Animándose a su pesar.) ¡Oh, no! Vuestra Majestad no pronunciará esa sentencia: vuestro augusto padre no lo consentirá.
Felipe	¿Hay, pues, dos reyes en la monarquía? ¿Y el que reina es por ventura súbdito del que reinó? Carlos V ha muerto para España, ha muerto para el mundo; yo os lo probaré, don Rodrigo, porque ese mozo imprudente morirá, a pesar de la voluntad o de la flaqueza de un monje de Yuste.
Rodrigo	(Del todo fuera de sí.) ¡Oh, no! nadie habrá hablado en esos términos de mi señor; no se condenará a su hijo

	en mi presencia sin que antes yo, su antiguo criado, haya al menos protestado por entrambos.
Felipe	¿Sois vos, don Rodrigo, vos quien habla?
Rodrigo	(Cayendo de rodillas.) No os lo diré, señor, sino de rodillas, pero os lo diré. Por prudencia, señor, por razones de política, en nombre de la naturaleza y de vuestra gloria, no destrocéis la grande alma de Carlos V; no os estrelléis, señor, contra aquel cuya fama anda aún en boca de todos, aquel cuyos beneficios viven aún en todos los corazones. Aunque no fuese ya sino una sombra, saldría, señor, del sepulcro para amparar su sangre y vuestra contra vos mismo.
Felipe	(Precipitándose hacia la mesa, donde toma la pluma y la lista.) ¡Oh! es demasiado.
Rodrigo	Escribid, señor, escribid; matad al anciano; para nada os puedo ya servir, mas perdonad al joven, que tiene una vida entera que sacrificaros, y un corazón de veinte años que latirá en su pecho por su rey y por su país: viva ese, señor, y si ha de recibir la muerte sea por vos, y no de vos. En fin, ¡es vuestro hermano! (Arrastrándose de rodillas hasta el sillón del rey.) Sí, ¡es vuestro hermano! ¡Ah! señor, ¿por ventura tiene un rey tantos amigos fieles, que pueda privarse él propio voluntariamente del cariño de un hermano?
Felipe	Alzad, anciano; vos mismo estáis espantado de vuestro valor. (Después de una ligera pausa.) No me obligo a nada para con don Juan; pero si le concedo la vida, lo que dudo, será para que la oscurezca en la austeridad de un claustro. Os autorizo a decírselo. Sé que tenéis

	poca influencia sobre él; no importa, probad a convencerle. Id a buscarle, y que os acompañe aquí. (A don Pedro, que ha entrado hacia el fin de la escena.) Conducid a mi presencia a doña Florinda.
Gómez	¿Cómo, señor...?
Felipe	Conducidla, y dad orden al mismo tiempo de que don Rodrigo pueda ver a vuestro preso. Andad.
Rodrigo	(¡Otra misión! La última por cierto.)

Escena IV

Felipe II	¡Un príncipe de mi nombre, de mi sangre misma, otro yo en mi corte o en mis ejércitos! Jamás. Basta con un hijo. Sobra con un hermano. Es fuerza que muera, o que obedezca. (Andando precipitadamente.) Y aun cuando se sometiese, ¿no vería yo siempre debajo de sus ropas sagradas al insolente que me hizo retroceder? ¿No vería hasta en su báculo pastoral de obispo la espada desnuda que osó alzar contra mí? ¡No hay perdón posible! Obedezca o no, es forzoso que muera. (Deteniéndose.) Pero, ¿y mi padre? En vano procuro rebelarme contra un ascendiente que no acierto a sacudir; me domina. Su dignidad imperial y real, oscurecida y muerta tal cual está, impone a la mía. Es una sombra, sí, pero ¿si se me apareciese de repente podría decirle: Yo maté a vuestro hijo? Estas palabras se hielan ya sobre mis labios, como si estuviese en frente de mí, como si su mirar de águila me anonadase entre el polvo. La Europa está llena aún de su gloria; una sola voz suya bastaría para hacer resonar en todos los ángulos mi desdoro. (Después de un momento de

silencio.) ¡Matar yo a su hijo! ¡Imposible! (Dejándose caer sentado.) ¡Nunca me atreveré! ¡Pero obedecerá! ¿De qué suerte obligarle? Solo una persona en el mundo puede; y si resiste, si la tentación viene a ser en mí más poderosa, será indicio de que Dios quiere que yo sucumba a ella. Entonces sucumbiré... Aquí llegan.

Escena V

Felipe II; Don Rodrigo, Don Juan, por el fondo; después Doña Florinda. Don Pedro, por la puerta lateral

Rodrigo   (Bajo a don Juan.) No es el valor lo que os recomiendo.

Juan   ¡Ah, Florinda!

Florinda   ¡Don Juan!

Felipe   (A Gómez y don Rodrigo.) Salid.

Escena VI

Dichos, menos Don Rodrigo y Gómez

Felipe   (Su suerte va a decidirse: a este punto no me siento piedad alguna en el corazón.)

Florinda   (A don Juan.) Os vuelvo a ver, don Juan; ¡dicha por cierto que no esperé!

Felipe   Pero que será corta. (A don Juan.) ¿Os intimaron mi resolución?

Juan   Me la intimaron.

Felipe	¿Cuál es la vuestra?
Juan	El conde de Santa Fiore la sabe harto bien para que pueda el rey ignorarla.
Felipe	¿Insistís?
Juan	Pronunciar con mis labios votos que mi corazón desmintiese fuera acción vil. Moriré, señor; es mejor que España tenga un noble menos, que un mal sacerdote más.
Felipe	Caiga, pues, sobre tu cabeza la sangre de esa doncella, porque tú mismo acabas de pronunciar su sentencia.
Juan	¿Qué decís, señor?
Felipe	Que si resistes perecerá, y que vivirá si consientes.
Juan	Vuestra Majestad...
Felipe	Sí: puedo salvarla de esa muerte que destruiría tanta belleza, de esos tormentos cuya sola idea espanta. Podrá huir y refugiarse en tierra más hospitalaria; podrá, si quiere, esconder su oscura existencia en un rincón de España, donde mi justicia la olvidará. Don Juan, os empeño mi palabra real, mas someteos.
Florinda	Os piden, don Juan, más que la vida; os piden la libertad. Dejadme sufrir mi suerte: yo no he menester para morir sino poco valor! ¡Vos habréis menester tanto para vivir esclavo!

Juan	¡Esclavo! ¡Y esclavo en un hábito hasta la muerte! ¡En buen hora! Mi amor me prestará el valor de que me creí incapaz. Después de vos, Florinda, mi libertad es lo que más amo en la tierra; pero, perdiéndola, os salvo. ¡Ah! lo que me hubiera envilecido, de hoy más me honrará. Ya fuera mengua el dudar. (A Felipe con dignidad.) Señor, usáis conmigo una violencia de que habréis de responder un día; pero en vos reside el poder: abusad pues de él; disponed de mí.
Florinda	¡No, don Juan, no!
Felipe	(Arrastrándole hacia el crucifijo.) Ven, pues, ante este Dios que te escucha, y que ha de juzgarte; ven a ligarte con un juramento que has de renovar dentro de poco en sus altares.
Florinda	¡Don Juan, don Juan! no acepto ese sacrificio.
Felipe	Pero el cielo y yo le aceptaremos.
Juan	Nada por vos, señor, nada por el cielo. ¡Todo por ella! (Extendiendo la mano hacia el crucifijo.) Sí, cuésteme en buen hora su vida la desdicha de la mía en este mundo, y el riesgo de mi alma en el otro...
Felipe	(A los grandes del reino, que entran por la puerta del fondo, descubierto.) ¿Quién llega? ¿Qué es esto? ¿Quién dio la orden de abrir? ¿Quién osó con riesgo de su cabeza...?

Escena VII

Dichos, Carlos V, Don Rodrigo, Don Pedro Gómez, Pablo, cortesanos, etc.

Carlos	Yo, don Felipe.
Felipe	¡Santo Dios! (Descubriéndose.)¿Vos, señor?
Juan	¿Qué oigo?
Carlos	Yo, a quien un deber imperioso fuerza a salir por última vez del retiro de que jamás creí separarme. El padre de una desdichada me prestó un tiempo un servicio que salvó a la monarquía, y que fue injustamente olvidado. Ella al menos no habrá reclamado en balde mi protección. Vengo a pedirla a sus jueces, que no me la negarán, y a vos, que debéis ser uno conmigo en el agradecimiento.
Felipe	Nuestra clemencia, señor, se había adelantado a la vuestra.
Carlos	No he concluido. (Señalando a don Juan.) Entrambos nos engañamos acerca de la vocación de ese generoso mancebo, mas nunca es tarde para enmendar un yerro. Don Juan, arrodillaos ante el rey de España. Aquí, en presencia de cuanto encierra el Estado de sagrado y grande, ¿prometeisle obediencia y lealtad hasta la muerte?
Juan	¡Hasta la muerte!
Carlos	Don Felipe, ¿prometéis a este mancebo ilustre protección y amistad?
Felipe	Cometió graves faltas para conmigo.

Carlos	¿Cuáles? Hablad.
Felipe	Perdonad, señor; quiero no recordarlas, porque solo olvidando puedo perdonar.
Carlos	¿Y las olvidaréis?
Felipe	Por respeto a vos.
Carlos	(A don Juan.) ¡Hijo de Carlos V, don Juan de Austria, hijo mío, levantaos, y abrazad a vuestro hermano!
Florinda	(Con dolor.) ¡Hijo de Carlos V!
Juan	¿Yo, señor? ¿Es posible? (Pasando de los brazos del rey a los de Carlos V.) ¡Yo hijo del hombre más grande de su siglo!
Carlos	Nada debo olvidar. (A don Juan.) Os recomiendo al novicio Pablo; de él podéis hacer vuestro paje, si, como creo, tiene vuestra misma vocación. Enseñadle a obedecer a su rey y a defender a su patria.
Pablo	¡Señor!
Carlos	(A don Rodrigo.) ¿No os dije, don Rodrigo, que la jornada sería buena?
Rodrigo	Ha concluido, señor, mejor que empezó.
Felipe	(A Carlos.) Vuestra Majestad nos consagrará un día siquiera...

Carlos	(Bajo al rey.) Don Felipe, es cosa embarazosa para una corte poner buena cara al pasado, sin comprometerse con el presente; puesto entre el agradecimiento y el interés, el más diestro vacilaría. Evitemos entrambos la prueba. (Alto.) Os dejo, hijo mío: la Majestad que reinó debe ceder el puesto a la Majestad que reina.
Felipe	No me atrevo a insistir.
Rodrigo	(Por temor de que la sombra eclipse el sol.)
Carlos	Doña Florinda, partamos. Vuestro destino pende de mí.
Juan	¿Cómo? ¡Señor, padre mío!!!
Florinda	Príncipe, no nos volveremos a ver en la tierra, pero viviremos juntos en mis oraciones al Dios de todos: para mí le pediré resignación, que da esfuerzo para sufrir en silencio; y para vos gloria, única disculpa del olvido.
Juan	¡Olvidaros! ¡jamás, señora, jamás!
Carlos	(A Felipe.) Adiós, don Felipe. (A don Juan.) Príncipe, adiós. Quedad vos, Pablo, en la corte: ¿quedáis contento?
Pablo	Por demás, señor. Es tan hermosa esta corte donde todos se sonríen, y se abrazan y se quieren...
Carlos	(Dándole con la mano en la mejilla.) ¡Como en el convento!

Libros a la carta

A la carta es un servicio especializado para
empresas,
librerías,
bibliotecas,
editoriales
y centros de enseñanza;
y permite confeccionar libros que, por su formato y concepción, sirven a los propósitos más específicos de estas instituciones.
Las empresas nos encargan ediciones personalizadas para marketing editorial o para regalos institucionales. Y los interesados solicitan, a título personal, ediciones antiguas, o no disponibles en el mercado; y las acompañan con notas y comentarios críticos.
Las ediciones tienen como apoyo un libro de estilo con todo tipo de referencias sobre los criterios de tratamiento tipográfico aplicados a nuestros libros que puede ser consultado en Linkgua-ediciones.com.
Linkgua edita por encargo diferentes versiones de una misma obra con distintos tratamientos ortotipográficos (actualizaciones de carácter divulgativo de un clásico, o versiones estrictamente fieles a la edición original de referencia).
Este servicio de ediciones a la carta le permitirá, si usted se dedica a la enseñanza, tener una forma de hacer pública su interpretación de un texto y, sobre una versión digitalizada «base», usted podrá introducir interpretaciones del texto fuente. Es un tópico que los profesores denuncien en clase los desmanes de una edición, o vayan comentando errores de interpretación de un texto y esta es una solución útil a esa necesidad del mundo académico.
Asimismo publicamos de manera sistemática, en un mismo catálogo, tesis doctorales y actas de congresos académicos, que son distribuidas a través de nuestra Web.
El servicio de «libros a la carta» funciona de dos formas.
1. Tenemos un fondo de libros digitalizados que usted puede personalizar en tiradas de al menos cinco ejemplares. Estas personalizaciones pueden ser de todo tipo: añadir notas de clase para uso de un grupo de estudiantes, introducir logos corporativos para uso con fines de marketing empresarial, etc. etc.

2. Buscamos libros descatalogados de otras editoriales y los reeditamos en tiradas cortas a petición de un cliente.

www.ingramcontent.com/pod-product-compliance
Lightning Source LLC
LaVergne TN
LVHW041335080426
835512LV00006B/468